从古至今看中国

# 古代发明

万建中◎主编

扫码获得

文化传承
国学剧场
传统美德
国学殿试

吉林科学技术出版社

**图书在版编目（CIP）数据**

古代发明 / 万建中主编. -- 长春 : 吉林科学技术出版社, 2025. 3. -- (从古至今看中国). -- ISBN 978-7-5744-1859-2

Ⅰ. N092-49

中国国家版本馆CIP数据核字第20245D04F4号

**从古至今看中国　古代发明**

CONG GU ZHI JIN KAN ZHONGGUO GUDAI FAMING

主　　编　万建中
出 版 人　宛　霞
责任编辑　朱　萌
助理编辑　刘凌含
装帧设计　长春美印图文设计有限公司
制　　版　长春美印图文设计有限公司
幅面尺寸　167 mm×235 mm
开　　本　16
字　　数　412千字
印　　张　39
版　　次　2025年3月第1版
印　　次　2025年3月第1次印刷

出　　版　吉林科学技术出版社
发　　行　吉林科学技术出版社
地　　址　长春市福祉大路5788号
邮　　编　130118
发行部电话/传真　0431-81629529　81629530　81629531
　　　　　　　　81629532　81629533　81629534
储运部电话　0431-86059116
编辑部电话　0431-81629518
印　　刷　河北赛文印刷有限公司

书　　号　ISBN 978-7-5744-1859-2
定　　价　199.00元（全8册）

# 目 录

# 造纸术

造纸术是中国古代四大发明之一。在纸问世之前，古人通常把文字刻画、书写在甲骨、青铜器、竹简等笨重且不易保存的材料上，在使用的时候很受限制。后来，古人们在劳动中摸索出“纸”这种物品，让书写变得简单便捷。

西汉时期，古人已经懂得了基本的造纸方法，但是生产出来的纸的质感并不方便使用。到了东汉，蔡伦吸纳了前人的经验，用树皮、麻头、破布、旧渔网造纸，使得纸张开始被广泛应用于书写。造纸工艺的进步让造纸业逐渐成为一种产业。

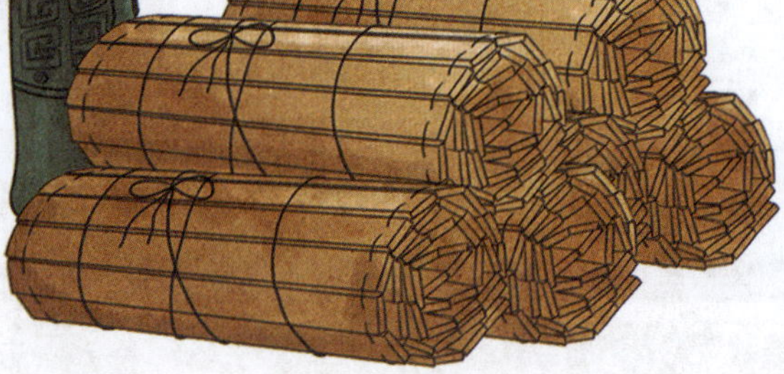

# 蔡伦造纸

蔡伦，字敬仲，东汉桂阳人（今湖南郴州）。任尚方令期间，他认真总结西汉以来造纸的经验，经常到洛阳近郊收集制作材料，虚心听取建议，经过反复试验，创造了以树皮、麻头、破布、旧渔网为原料的植物纤维纸。之后在朝廷的支持下，这种造纸的方法得到推广应用。

## 后汉书·蔡伦传（节选）

【南北朝】范晔

自古书契多编以竹简，其用缣帛者谓之为纸。缣贵而简重，并不便于人。伦乃造意，用树肤、麻头及敝布、鱼网以为纸。

## 造纸过程

### 准备原料

砍下竹子或者树枝，剥下外皮，与准备好的麻头、破布、旧渔网等便宜的材料一同洗净。

### 切碎浸泡

先将原料置于水塘中浸泡，使其充分吸水。然后将浸泡后的原料切碎，混合到一起，再用石灰水浸泡，去除纤维中的果胶和木质素等杂质。

### 蒸煮舂捣

把碎料放入大锅中，加水煮烂，使纤维分散。大锅中的碎料用大石压住，有助于完全煮烂。将煮后的原料取出漂洗，然后捣成纸浆。

## 打浆

这一步骤是造纸工艺的核心。将纸浆放入水槽中，再将长木棍探入水槽，上下慢慢搅打，使纸浆均匀地悬浮在水中。

## 抄纸晒纸

工人两手绷紧竹帘捞出浆料，巧妙地一荡，浆料就在帘上均匀地铺开薄薄一层，过滤水分后成为纸膜。要有纯熟的技巧，才能捞出厚薄适中、分布均匀的纸膜。

## 烘干揭纸

捞好的纸膜一张张叠好，用木板压紧，上置重石，将水压出。把压到半干的纸膜贴在炉火边上烘干，揭下即为成品。

## 发展历程

自汉代发明造纸术后，纸作为一种新的书写材料得到广泛传播。造纸术从黄河流域传播到长江流域，人们逐步习惯于用纸书写。

造纸业于唐代进入鼎盛时期，在明清两代趋于成熟。在这一时期，纸的产量、质量也比过去更高。同时还出现了专门论述造纸技术的专著。

## 传播影响

中国的造纸术是全人类共同的财富。时至今日，中国造纸术仍是现代造纸术的基础。造纸术的传播不仅丰富了人类的精神世界，也推动了人类社会的进步与发展。

古代发明

# 活字印刷

活字印刷是中国古代四大发明之一。首先雕刻出一个个阳文反文字模，然后挑选文章使用的单字排列在板框内，刷墨印制，印完后将字模拆出，留待下次排版印刷时再用。这一伟大发明是中国古代劳动人民长期实践和研究的结晶。

活字印刷具有制版容易、印刷速度快、成品质量好、局部出现错误可以轻松替换等优点。更神奇的是，印刷完成后，可以拆版，留下活字继续使用。

## 起源

毕昇，北宋蕲州人（即现在的湖北英山），是一位从事雕版印刷的工匠。他总结先前的工作经验，尝试用胶泥单字做成一枚枚方章。用火烤干后形成坚硬的活字章，活字章可以灵活取用进行排版印刷。这一发明，是活字的开端。

### 梦溪笔谈（节选）

【宋】沈括

板印书籍，唐人尚未盛为之。自冯瀛王始印五经，已后典籍皆为板本。庆历中，有布衣毕昇，又为活板。其法：用胶泥刻字，薄如钱唇，每字为一印，火烧令坚。

## 印刷流程

### 制作活字

将胶泥做成许多块规格一致的毛坯。将胶泥毛坯在刻好的木制的阴文正字模上压制成阳文反单字，用火烧硬后打磨，使字划的边缘厚度统一，制成一枚枚胶泥活字章。

### 活字排版

挑选出需要的活字章，将字面向上，按照文章内容顺序排列在方正的铁板上，校对文字内容和排列顺序。

### 固定字章

铁板事先已经铺满松脂、蜡和纸灰混合物，用火加热至混合物微微熔化。另取一块平板压上使整个板面平整，等待混合物凝固。

## 铺纸拓印

先用刷子蘸油墨，在平板上涂刷均匀，将白纸覆上，另外拿一把干净刷子在纸背上轻轻刷一遍，最后将纸由前往后慢慢揭起。可轮流使用两块板进行排版，实现不停印刷。

## 揭纸裁切

下纸张上的油墨晾干后，选择合适的方式装订成册，保护印刷品不受损坏并且方便阅读。

## 活字整理

印完后，把印版用火烘烤，混合物彻底熔化，再拆下活字章，按照韵母分别放在木转轮格子里，留待下次排版再用。

## 发展历程

活字印刷发明伊始，古人大多使用泥活字。到了元代，木活字成为主流。明代初期，印刷多使用铜活字，后又改为木活字。清代则以木活字为主，辅以铜活字和泥活字。

元代农学家王祯使用木质紧实的材料制造木活字，并用竹片填补活字章之间的空隙，解决了木活字容易变形的问题。同时，他还发明了转轮排字架，将活字编码放入转轮，并把编码编纂成册。排版时，一人按编码册查报位置，另一人转动转轮找出活字，此举大大增加了排版效率。

## 传播影响

活字印刷发明后，向东传入朝鲜，随后传播到亚洲各国。随着近代西方科技的发展，使用铅活字材料的机器印刷技术通过大量的印刷书籍和报纸传播开来。

古代发明

# 火药

火药是中国古代四大发明之一。它是一种由硝石、硫黄和炭等原料制成的能够剧烈燃烧的药剂。硫黄和炭为燃料，硝石是氧化剂。火药早期用于民间，后来因其具有的爆炸力而被广泛应用于各个领域。

古时候，人们寻求治病良方与长生之法而进行制药、炼丹。炼丹术中“火法炼丹”是发明火药的基础。由于其来自配药过程的意外，火药曾一度被视为药类。在火药发明之前，火攻是军事家常用的一种进攻手段。后期火药的配方由炼丹家传到军事家手里，在军事上发挥了很大的作用。

## 起源

根据史书记载，火药的发明是炼丹实验的偶然产物。最初古人将原料混合物用作药材，后来发现硝石作为重要成分，可以发生氧化作用，用它能够配制出具有爆炸力的药剂。随着时间的推移，火药的研制开始更加完善并得以广泛应用。

### 青玉案·元夕

【宋】辛弃疾

东风夜放花千树，
更吹落、星如雨。
宝马雕车香满路。
凤箫声动，玉壶光转，一夜鱼龙舞。

## 制备流程

### 提取原料

火药的制备需要选用优质的原材料。硝石通常从含硝石的土壤中提取，硫黄则是从硫矿石中提取，炭则选用硬质木材烧制而成。

### 研磨

原料的研磨是制备火药的关键步骤。采用石臼进行研磨，以确保原料的混合充分和颗粒大小的一致性。

### 混合填装

火药的爆炸性能与原料的混合比例密切相关。混合后需要小心装入火药筒或其他容器中。

## 火药存储

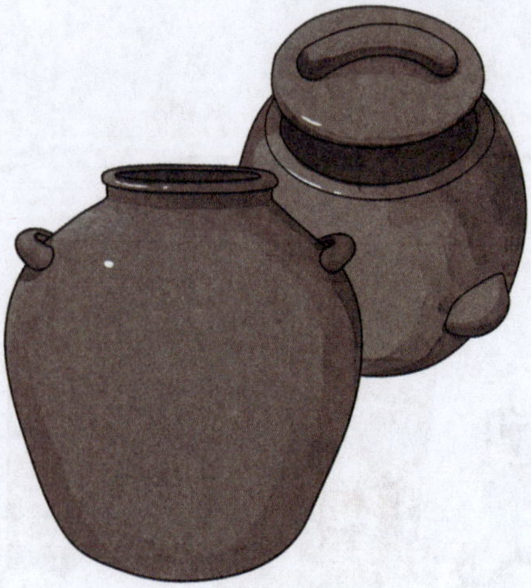

古人使用具有稳定性和耐火性的容器存储硝石、硫黄等原料，如陶罐、石罐等。将仓房修建在干燥通风的地方，容器的摆放位置要远离明火和热源，以防止火药爆炸。

## 生产安全

首先，制作火药的工作区要位于开阔的场地，远离居民居住地和易燃物。其次，在制作火药时，严格控制烟火，定期清理工作区域，并避免火药材料堆积在一起。

## 运输

运输过程中使用坚固的包装容器将火药进行包装，如木箱、皮囊等，防止碰撞。严格控制明火和火种的使用，并配备灭火工具，如水桶、湿毛巾等，以应对突发的火灾事故。

## 发展历程

中国隋代最早出现了以硝石、硫黄和炭为配方的火药。后来，黑色火药出现，最初在马戏演出以及木偶戏中的烟火杂技中使用。元代出现了以火药的爆炸力为推动力的武器，其在战争中显示出巨大威力。

## 传播影响

早在公元八九世纪，制造火药的原料就同医药、炼丹术一起由中国传入阿拉伯国家。成吉思汗西征时，军队使用了火药武器，由此火药武器传入欧洲乃至世界各地，推进了世界历史的进程。

古代发明

# 指南针

指南针的前身是中国古代四大发明之一的司南。它的主要组成部分是一根装在轴上的可以转动的磁针。在地球这个巨大的天然磁场作用下，磁针的北极指向地球的南极。人们利用这一特性来辨别方向。

指南针是中国古人在长期的实践中对磁石磁性认识的结果。早期古人在从事祭祀、礼仪、军事和占卜活动时利用磁现象来确定方位。在此过程中不断积累知识，古人发明了司南。然而司南不便于携带，经过改良，古人又发明了更好用的指南针。

## 起源

指南针的发明者是谁并没有确切的定论，但根据史料记载和科学推测，它的发明者可能是中国古代科学家沈括。

沈括在《梦溪笔谈》中详细描述了使用指南针的情景，这是首部系统记载指南针原理和使用方法的文献。

**梦溪笔谈（节选）**

【宋】沈括

方家以磁石磨针锋，则能指南，然常微偏东，不全南也。水浮多荡摇。指爪及碗唇上皆可为之，运转尤速，但坚滑易坠，不若缕悬为最善。

# 演化

## 司南出现

“司南”之称始于战国。早期人类将天然条状磁石制成磁体定向装置。经过一系列的演化，这一装置得到进一步的发展。

## 早期司南

最早的司南形象为磁勺放置于底盘上。磁勺是一种用天然磁石琢成的勺形指向器，底盘四周刻有方位。其操作简便，且不受天气影响。

## 磁针

随着生产活动的变迁，磁化技术得到突破，古人发明了更方便的指向器：铁质指向器及水浮磁针。用磁石摩擦钢针或密置接触使钢针磁化，这样便实现了材料和形态上的改进。

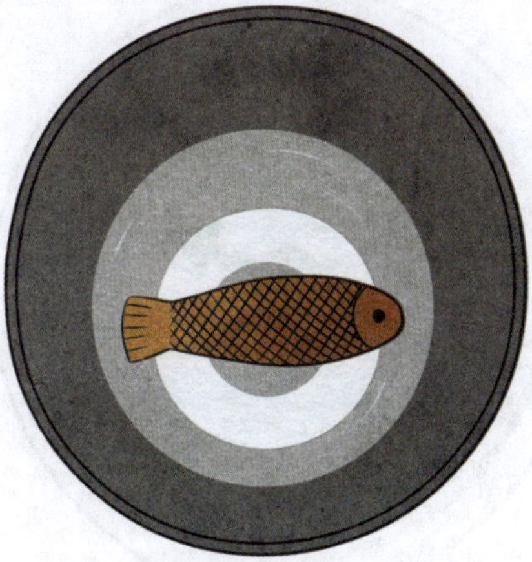

铁质指向器

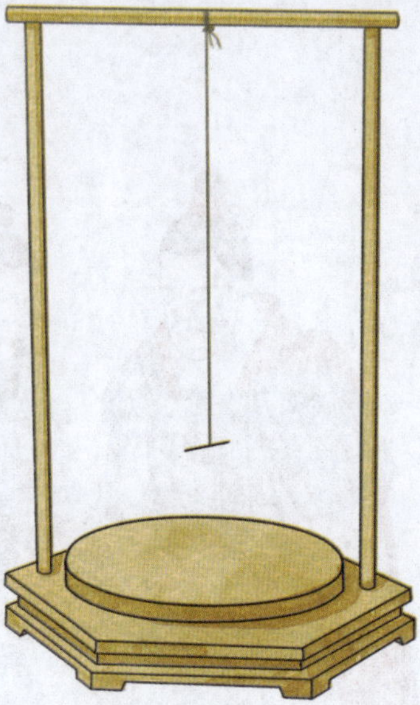

## 悬针法

将磁针用细线悬挂于无风的地方，使其自由旋转，然后定向。但是因为受风的影响，磁针会不停摆动，所以必须在无风的状态下使用。

## 水浮悬针

将小磁针放置在盛水的容器中，让小磁针浮在水上使其指示方向。这种方法解决了磁针在地盘上的投放问题。

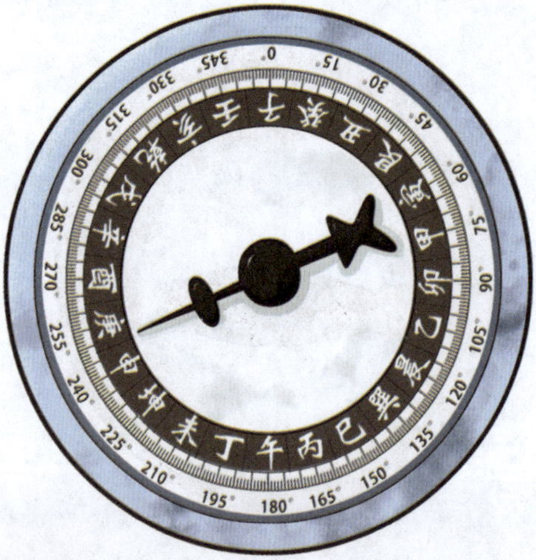

## 罗盘的出现

磁针问世后，先后用于堪舆和航海。为了使用方便，读数容易，加上磁偏角的发现，人们对指南针的使用提出了更高的要求。堪舆家们将磁针与分度盘相配合，创制了罗盘。

## 发展历程

指南针的发明在中国的方位文化中经历了天文学方法定位、磁学方法制成司南、由司南演变成指南针这三个阶段，随之而来的是测定方位技术的不断完善。

## 传播影响

1953 年发行的《伟大的祖国》特种邮票，第一枚展现的就是勺状司南，这一图案后来被辞典、教材引用，而司南也被奉为中国古代先进科技的标志之一。指南针问世后，先后用于勘测和航海，传入西方，对地理大发现和海上贸易有着极大的促进作用。

古代发明

# 纺织术

余姚河姆渡新石器时期的遗址中发现了我国最早的纺织工具，距今已6000多年。古人最早以植物纤维为原料手工编麻成布。后来古人将野生的桑蚕驯化成家蚕，随之发明缫丝技术，将家蚕所吐的蚕丝作为纺织原料，并织成美丽的丝绸织物。

随着纺织工具的应运而生和纺织业的兴起，中国古人脱离了以草衣兽皮作为衣物的原始方式，更多精美绝伦的丝绸被制造出来。可以说，纺织材料和技术的不断进步与我们国家的文明发展和社会进步紧密相连。

## 编麻成布

● 种麻沤麻

在麻田里种植麻植物。麻植物长成后，将其进行收割浸泡。

● 剥麻漂洗

从麻秆上将麻皮剥下，将麻皮清洗干净、晒干。

● 绩麻成线

将晾晒好的麻皮撕成细缕，将两绺麻合并捻转，连成一根，再将两股或多股绩好的麻合并捻成麻线。

● 上浆编织

用米浆为麻线上浆，再将上好浆的麻线编织成布。

## 经纬成绸

● 缫茧成丝

将收获的蚕茧进行干燥、水煮、络丝成团和并丝捻丝，得到粗细不同的丝线。

● 卷纬牵经

将丝线绕在木头梭子上作为纬线。将丝线平行均匀地绕在经轴上做出经线，丝线之间不能纠缠并且要保持张力一致。

● 织绸

将经线和纬线准备好，分别放在织布机上，通过交错的方式织成丝绸。

## 工艺

### 平铺式编织

把丝线水平铺开，将丝线一端固定，用骨针穿线，在经线中穿织。

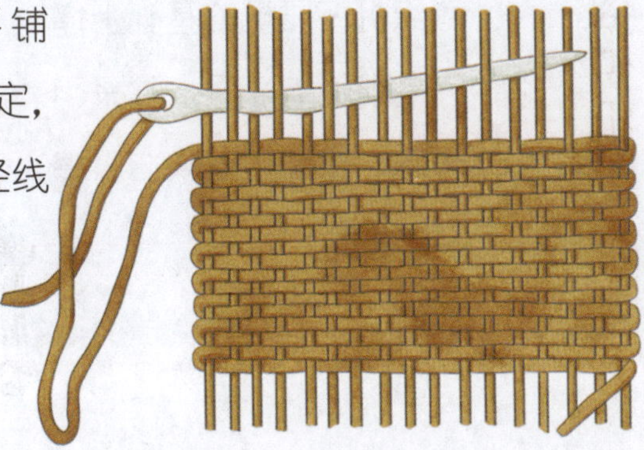

### 腰机织布

织布者席地而坐，将腰带系在腰上，双脚蹬住下面的横木。将经线固定在横木上，用分经棍将经线分成上下两层，然后用骨针带着纬线穿织成布。

### 纺车

纺车是织绸前卷纬的工具。手摇纺车和脚踏纺车都是靠人力来纺线，后来出现水力转动大纺车，它将人从繁重的劳动中解放出来。

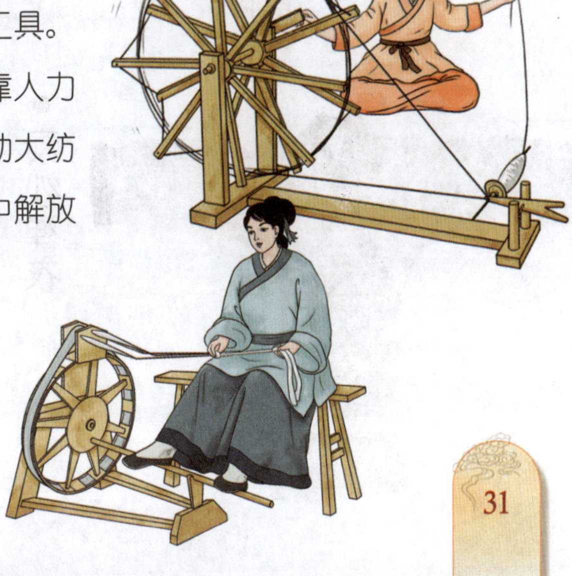

## 斜织机

斜织机在腰机的基础上增加了一个倾斜的经面，并采用脚踏装置，手脚并用织造，提高了织造速度。

## 提花机

为了让布料更美观，提花机诞生了。它是纺织史上的里程碑，原理是将提花的规律贮存在织机的综片或者与综眼相连的综线上，利用提花规律来控制提花程序。

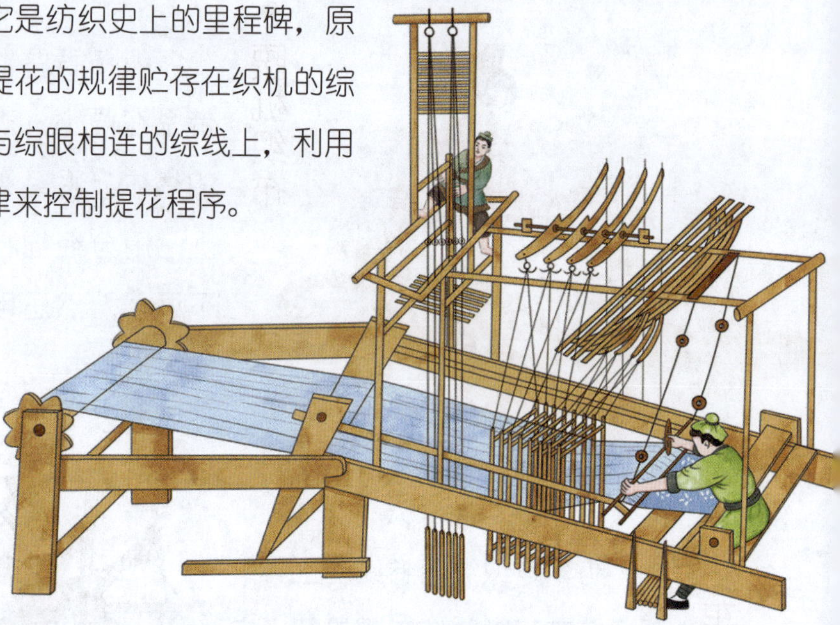

## 素纱禅衣

素纱禅衣出土于马王堆汉墓中的辛追墓。其中一件禅衣仅重 49 克，它薄如蝉翼、轻若烟雾，折叠后可放入一个火柴盒中，其代表了汉代织造的高超水平。

## 织锦护臂

“五星出东方利中国”汉代织锦护臂被誉为20世纪中国考古最伟大的发现之一。

织锦长18.5厘米，宽12.5厘米。上下每两组循环花纹间织出文字。蓝、绿、红、黄、白五色经线与纬线交织出星纹、云纹及灵禽瑞兽纹样。其中动物纹图案自右向左依次有鸟、独角兽和虎。整件织锦护臂织造工艺非常复杂，尽展祥瑞曼妙之处，为汉代织锦最高技术的代表。

## 丝绸之路

伴随着张骞出使西域，中国丝绸开始通过被称为“丝绸之路”的海上和陆上贸易通道向外传播，先向东传至东亚，后向西传至中亚、西亚，直至欧洲。丝织品成了我国古代文化中的一部分。

## 古代发明

# 冶炼铸造

中国古代是世界上最早掌握冶炼和制造金属器物工艺的国家之一。古人通过对各种矿石材料的加热和处理分离出金属，再将熔化的金属使用铸造、锻造和焊接等工艺制成各种器物。

中国古代的冶炼技术以炼铜、炼铁和炼钢最为突出。其中青铜冶铸技术是古代冶金技术的开端，标志着中国古人正式告别石器时代，走向新文明。而冶铁炼钢的出现使得金属器具逐渐普及，提高了社会生产效率，加速了经济的发展。

## 冶炼金属

中国古人能够利用火炼铜，再用铜制造各种劳动工具和兵器。

随着古人的不断研究，出现了湿法炼铜。古人利用硫酸与氧化铜反应，再用铁置换出铜。这个冶炼方法主要用于铸造钱币。因为铜矿石天然伴生铁矿石，所以古人在炼铜的时候也会把铁炼出来。在冶铜的条件下出现了冶铁制品。

### 天工开物·铜（节选）

【明】宋应星

凡铜供世用，出山与出炉止有赤铜。以炉甘石或倭铅掺和，转色为黄铜，以砒霜等药制炼为白铜；矾、硝等药制炼为青铜……

## 工艺

### 浇铸去壳

将熔融的金属液体倒入铸造模具中，使其冷却凝固成为金属器物后去掉外壳。

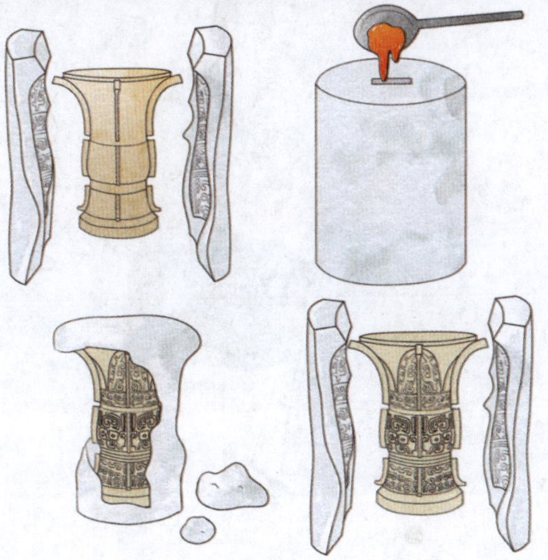

### 分铸法

先铸造器身，再在器身上合范铸出附件。或先铸造好附件，再镶嵌在陶范内与器身一起铸作成器，工艺十分巧妙。

### 叠铸法

把许多个范块或成对范片叠合装配，由一个共用的浇道进行浇铸，一次得到很多铸件。古代大量的铜币便是用此法铸出。

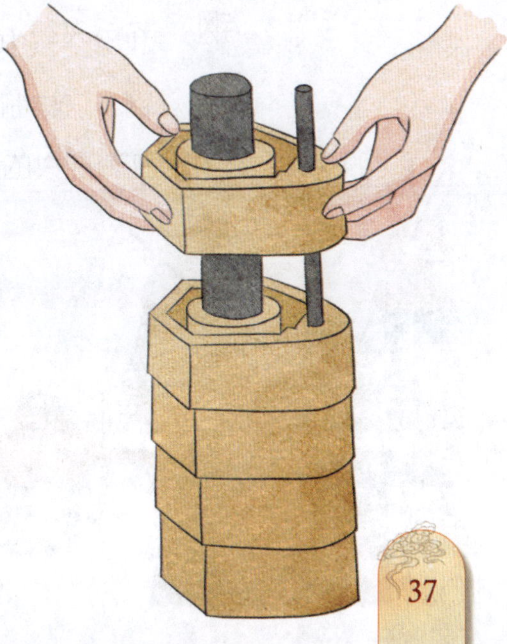

### 冷锻工艺

不需要加热，完全凭借人力与简单的工具，直接对金属料坯进行锻打加工。

### 热锻——百炼钢

将块炼铁反复加热折叠锻打，使钢的组织致密，成分均匀，杂质减少，从而提高钢的质量。

### 炒钢

将生铁加热为半液体状态，加以不断搅拌，利用空气中的氧使之脱碳，以获得不同含碳量的钢。这样制作的铁器因为脱碳，在韧性方面比之前有更大的进步。

## 灌钢法

利用生铁碳高、熟铁碳低的特点，将熔化的生铁液灌到熟铁上，生产出硬度高、性能好的钢，解决了碳和钢不易分离的难题，该方法的出现大大提高了钢的质量。

## 苏钢法

高炉内放熟铁，配以木炭燃烧。在炉口夹持一块生铁，生铁熔化后，滴入炉内，同时搅拌炉内熟铁，使之与生铁水反应，直接成形各种碳含量的钢材。碳含量的高低，可以通过控制生铁、熟铁之间的比例来进行。

## 发展与影响

冶炼和铸造技术的发展使金属工具取代了木石工具。是中华民族历史上最伟大的发明之一。为我国古人在农业、手工业、军事等方面的发展提供了充分的技术保障。

越王剑

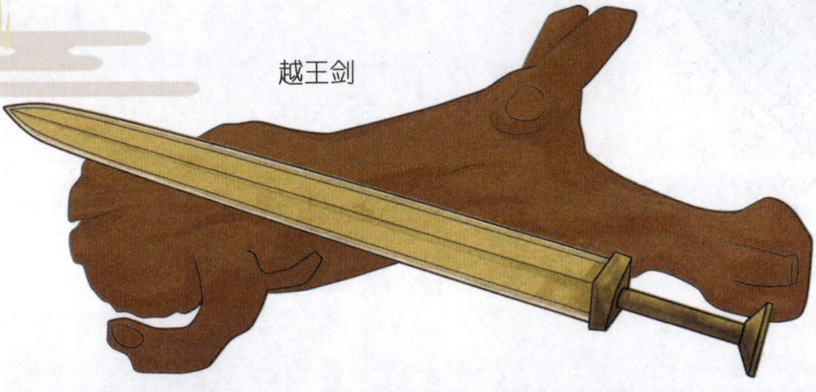

古代发明

# 干支纪年

干支纪年法是中国自上古时期便用来编排年号和日期的纪年历法。干支纪年法是十天干和十二地支的总称。把天干和地支按顺序循环匹配，正好构成六十个干支用以纪年，周而复始。干支纪年法以每年的立春为开始进入下一年。

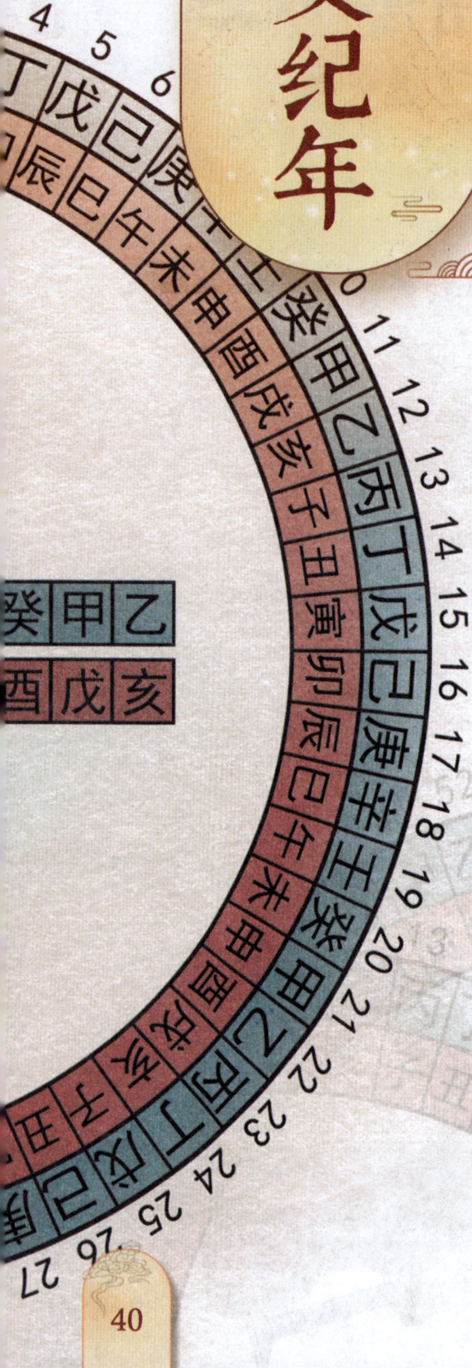

使用干支纪年法，可以对历史时间进行推算。知道某年的干支，就能推算出前后两年的干支。干支不仅可以纪年，还可以纪月、纪日、纪时。

巳
午
未
申
酉
卯
甲
乙
丙
丁
壬
癸
初
正

## 推行

中国古时使用的是岁星纪年，就是以天上的木星绕行太阳的规律纪年。后来岁星纪年与干支纪年换算起来很麻烦，于是在汉章帝元和二年，朝廷下令在全国推行干支纪年。从此干支纪年固定下来并一直延续下去。

元史（节选）
【明】宋濂　王祎
九年己未春正月乙巳朔，
驻跸重贵山北，置酒大会……

# 纪年方式

## 岁星纪年

“岁”在中国古代有木星的含义。古人认识到木星在天空中约十二年运行一周，因此将这一周圈分为十二等份。我国古人便根据木星到哪个区域，那一年就用“岁在……”来纪年。

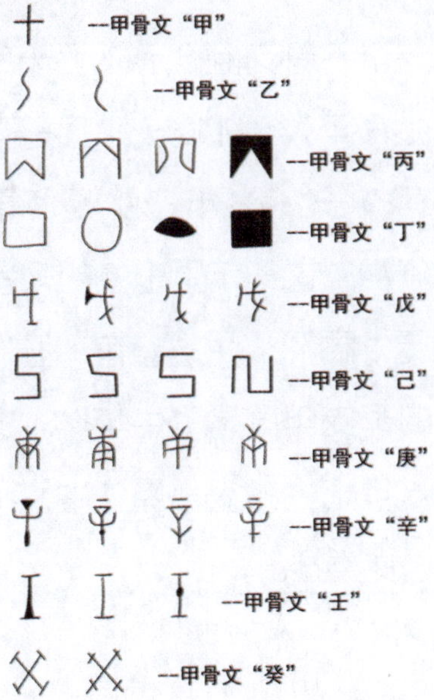


## 十天干

古人把太阳系中其他天体对地球的影响程度分成十个等级，配合数字来计算年岁，这就是十天干的雏形。在后来的传承中，把天干之名简化为一个字：甲、乙、丙、丁、戊、己、庚、辛、壬、癸。

## 十二地支

如果只用天干计时，很容易造成重复，为了避免出现问题，古人又创造了十二地支，与十天干相配合，即：子、丑、寅、卯、辰、巳、午、未、申、酉、戌、亥。

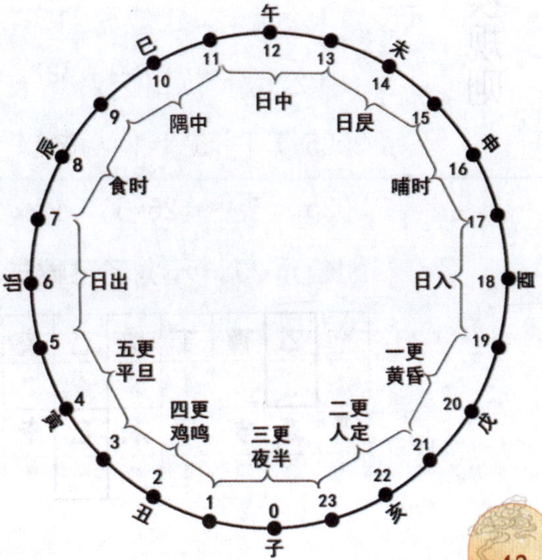

## 六十花甲子

以天干和地支按顺序相配，从“甲子”起，到“癸亥”止，满六十为一周，称为“六十花甲子”。亦称“六十甲子”。

## 十二生肖年

古人用十二种动物分别与十二地支相配，成为“十二生肖年”。如此一来凡是含有“子”的年，就是“鼠年”，这一年里出生的人都属“鼠”；凡是含有“丑”的干支年就是“牛年”，这一年出生的人都属“牛”。以此类推。

## 转换规则

年干 = 公元年个位数 −3（个位小于 3，加 10）

年支 =（公元年末二位数 −11）−12×2（适用于 1900—1999 年）

年支 =（公元年末二位数 +5）−12×2（适用于 2000—2099 年）

例：2025 年干 =5−3=1 → 乙

2025 年支 =（25+5）−12×2=30−24=6 → 巳

即公元 2025 年为**乙巳蛇年**

| | | | | | | | | | | | |
|---|---|---|---|---|---|---|---|---|---|---|---|
| 甲 | 乙 | 丙 | 丁 | 戊 | 己 | 庚 | 辛 | 壬 | 癸 | - | - |
| 1 | 2 | 3 | 4 | 5 | 6 | 7 | 8 | 9 | 10 | - | - |
| 子 | 丑 | 寅 | 卯 | 辰 | 巳 | 午 | 未 | 申 | 酉 | 戌 | 亥 |
| 1 | 2 | 3 | 4 | 5 | 6 | 7 | 8 | 9 | 10 | 11 | 12 |

## 发展历程

中国在汉武帝以前用天干地支纪年；从汉武帝到清末，用皇帝年号加天干地支纪年；民国初期用民国诞生时间来纪年兼或使用公元纪年；现如今采用公元纪年。春节定在每年农历正月初一是近代才确定下来的。辛亥革命后，皇帝年号被废除，而干支纪年一直沿用。

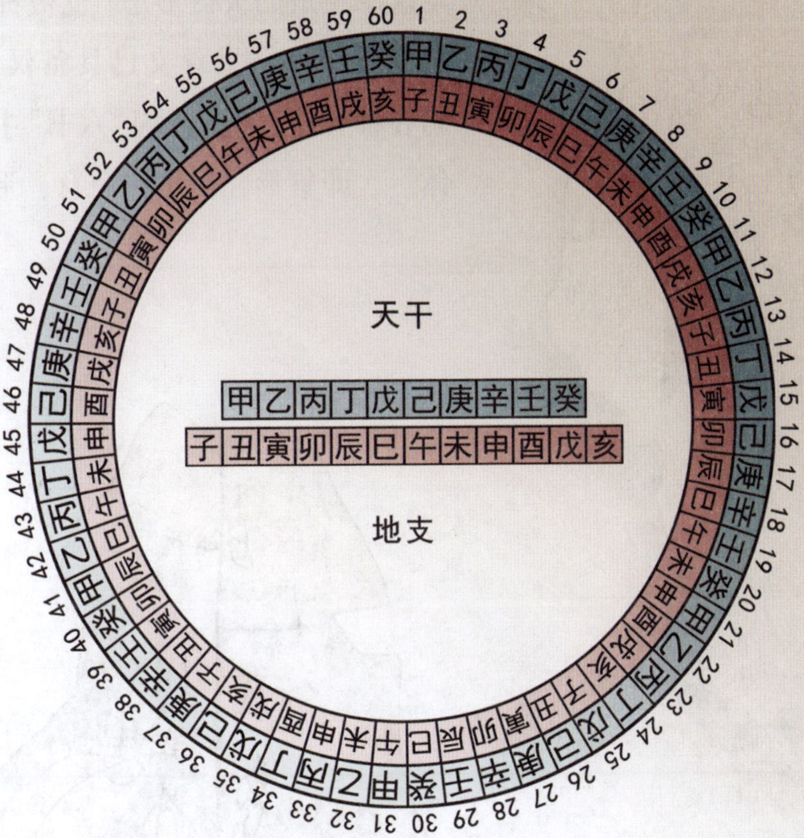


## 发明意义

干支纪年以每年立春为开始，是我国古人创造的结合农耕文明的一种历法。它不用数字就能表达时间概念和时空变化，凝聚了博大精深的中华文化。

古代发明

# 甲骨文

甲骨文，又称“契文”“甲骨卜辞”“殷墟文字”或“龟甲兽骨文”，是迄今为止中国发现的年代最早的成熟文字系统，也是最早的汉字。甲骨文上承原始刻绘符号，下启青铜铭文，是汉字发展的关键形态，也被称为“最早的汉字”。甲骨文已具备汉字构形的各种类型，兼备传统“六书”中之“四体”，即象形、指事、会意、形声。

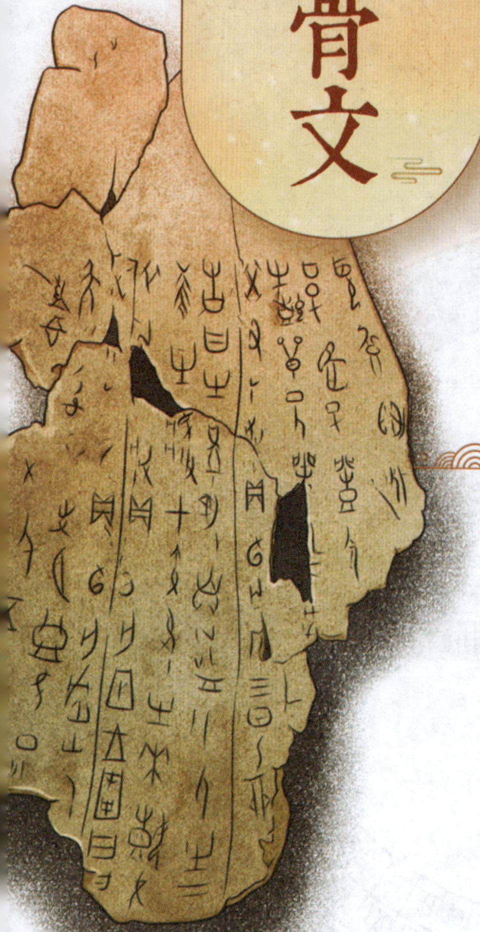

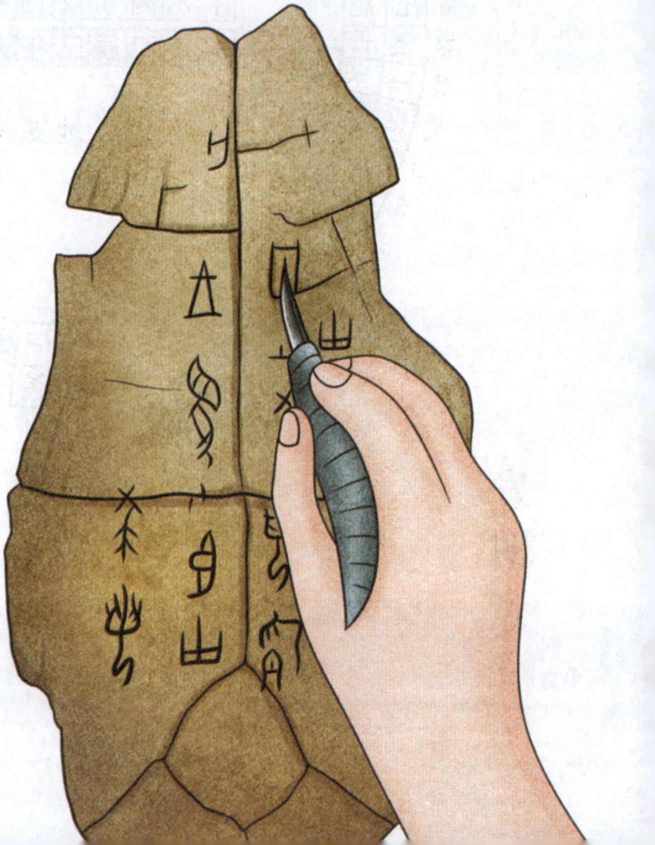

甲骨文作为商代晚期最主要的文字，不仅数量庞大，而且内容丰富多样。考古发现的卜骨数量众多，共计十余万片，其中包括了大量商王室的占卜记录，记录着当时的政治、经济、社会和宗教等方面的信息。此外，甲骨文中还可见到多邦国部族的族徽和人名等信息，为我们研究商代社会结构和族群关系提供了宝贵资料。

## 甲骨文的发现

绝大部分甲骨文的发现地点位于中国河南省安阳市的殷墟。殷墟是闻名世界的殷商时代遗址，其范围包括河南省安阳市西北的小屯村、花园庄、侯家庄等地区。这些遗址曾经是殷商后期中央王朝的都城所在地，因此被称为殷墟。在这片古老的遗址上，人们发现了大量的甲骨文卜骨，这些文字记录了当时的历史事件、宗教仪式、社会生活等各个方面的信息。殷墟的发现为我们深入了解中国古代文明和社会提供了重要的实物和文献资料。

### 殷契粹编（节选）

【近代】郭沫若

卜辞契于龟骨，其契之精而字之美，每令吾辈数千载后人神往。

## 甲骨文辨读

作为一种古老而神秘的文字，甲骨文至今仍然有大部分无法被解读。它们如同被时间封存的谜题，等待着我们去揭开。每一块甲骨上的刻文都是我们祖先的思想被记录的痕迹，而解读这些文字就像打开一扇通往上古时代的窗户，让我们得以穿越时空，洞悉他们的生活、信仰和智慧。甲骨文的解读不仅仅是语言学上的挑战，更是一次对古代文明的探索和解密之旅。每一次的成功解读都为我们更好地了解中国历史奠定了基础。

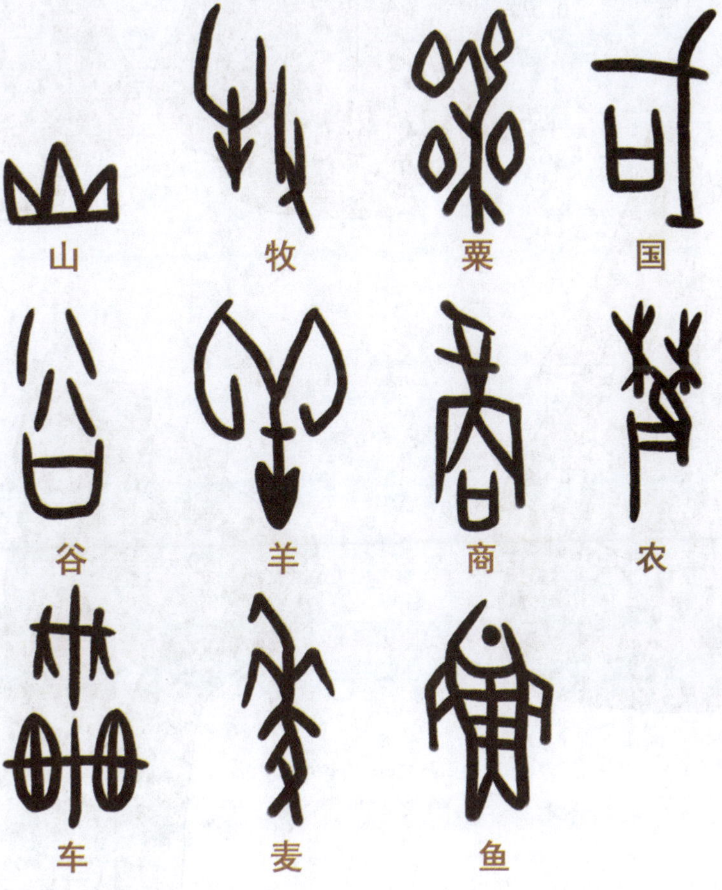

## 甲骨文的内容

甲骨文最早的内容是商朝的卜辞。殷商崇敬鬼神，也因为如此，这些决定渔捞、征伐、农业诸多事情的龟甲，才能在后世重见天日，成为研究中国文字重要的资料。

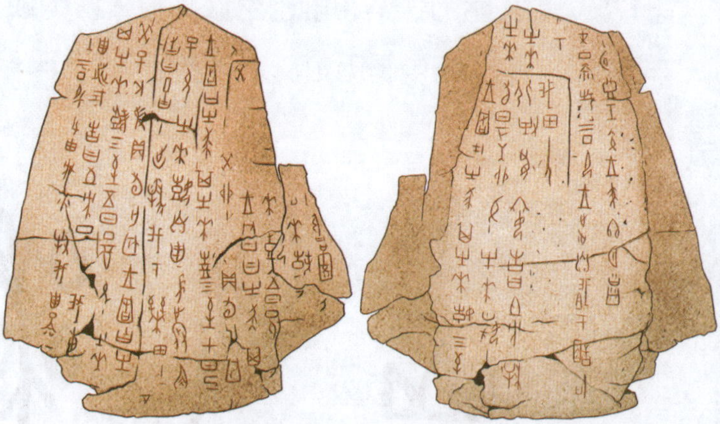

记载商与土方之间的一次边境冲突，正反均涂朱。

记载商王田猎时发生的一起车祸。

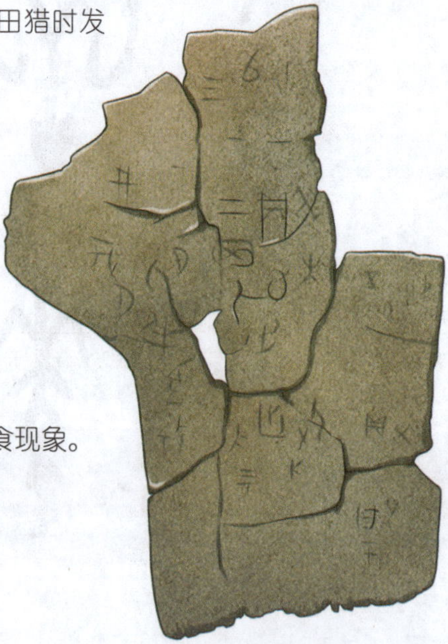

记载月食现象。

## 影响及意义

甲骨文不仅是中国汉字发展史上的重要里程碑，它还是最早具有一定体系和严密规律的文字系统之一。这种文字的出现为汉字的演变提供了关键的基础，为后来汉字的发展和标准化打下了坚实的基础。通过对甲骨文的深入研究，我们能够窥见当时社会的政治、经济、宗教、文化等各个方面的面貌。甲骨文中记录的卜辞、祭文、宗教仪式等内容，为我们提供了珍贵的历史文献，帮助我们更好地理解中国远古时期的社会形态、人们的生活方式，以及其思想观念和价值体系。

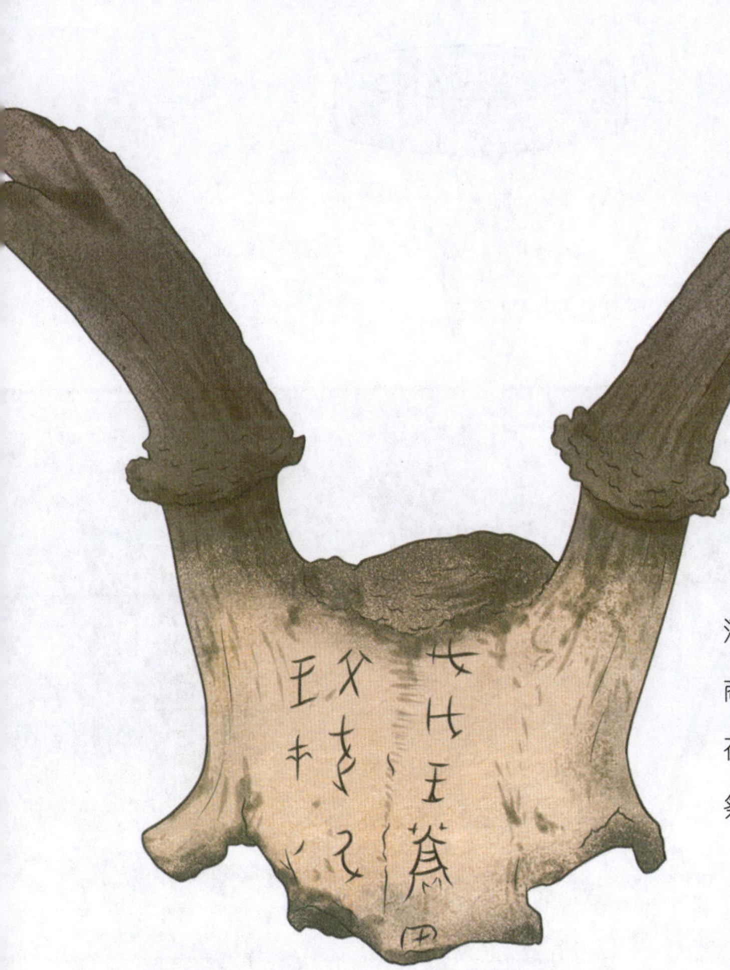

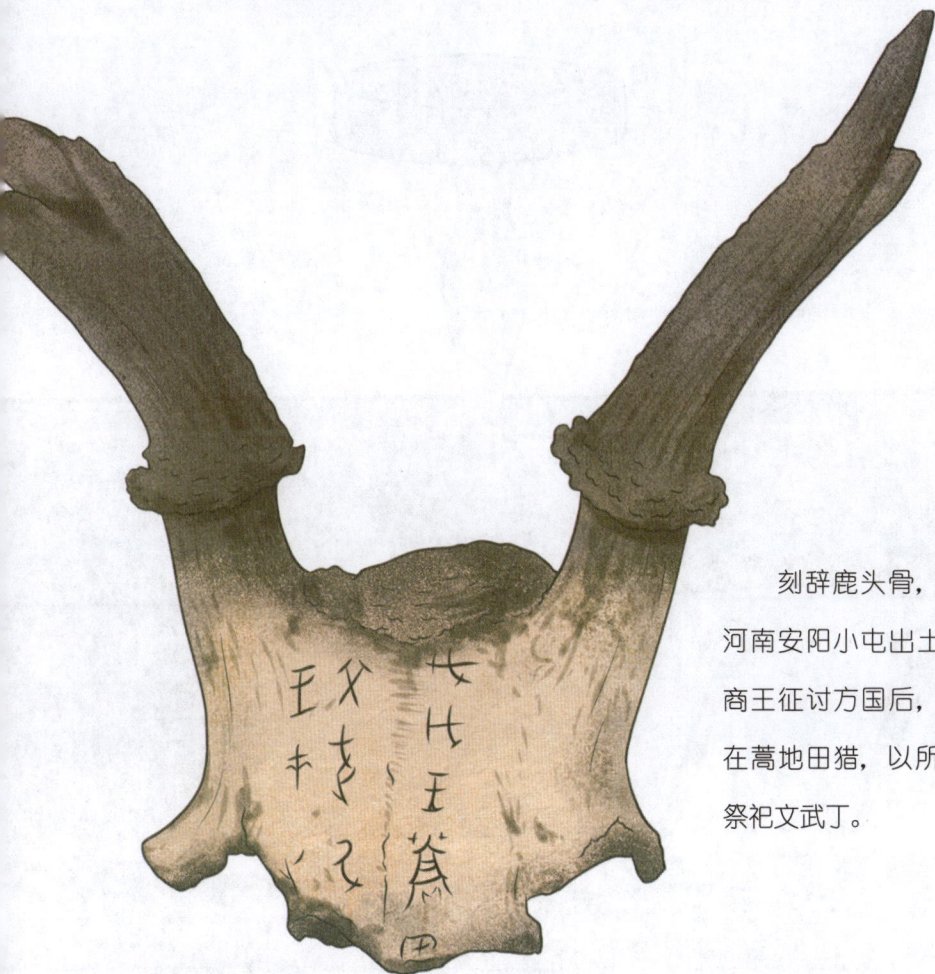

刻辞鹿头骨，1931 年河南安阳小屯出土。记载商王征讨方国后，回程中在蒿地田猎，以所获猎物祭祀文武丁。

古代发明

# 麻沸散

麻沸散是中国古代用于外科手术的麻醉药。这项发明开创了世界麻醉药物的先例。据《后汉书·华佗传》记载，如果病患集结郁积在身体的内部,针药都无法治疗,应当剖开割除的，就饮用他配制的麻沸散，一会儿病人就像睡过去一样，失去知觉，便可以开腹切除患处。

东汉末年国家征战连连，受伤的士兵在接受治疗时都疼痛难忍甚至昏厥过去。于是华佗先尝试让病人饮酒产生醉晕的效果，后来找寻草药研制成能够使人昏迷过去的麻沸散。经过测试，麻沸散既稳定又安全，以后病人再也不用承受巨大的手术痛苦了。

## 发明者

华佗字元化，沛国谯县人。华佗一生行医各地，在医学上有诸多成就。他精通内、外、妇、儿、针灸各科，对外科尤为擅长。华佗发明了麻沸散来辅助外科手术，是中国最早开始进行全身麻醉外科手术的医生。

### 后汉书·华佗传（节选）

【南北朝】范晔

若病结积在内，针药所不能及，当须刳割者，便饮其麻沸散，须臾便如醉死，无所知，因破取。

## 主要成分

据载，麻沸散的主要成分一般由曼陀罗花、生草乌、香白芷、当归、川芎、天南星共六味药组成。

曼陀罗花

生草乌

香白芷

当归

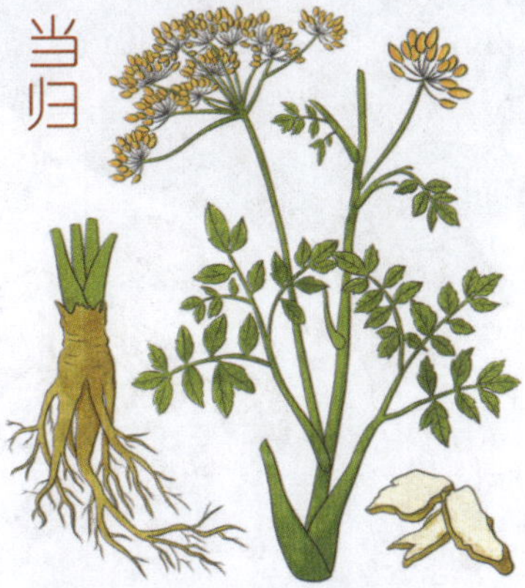

川芎

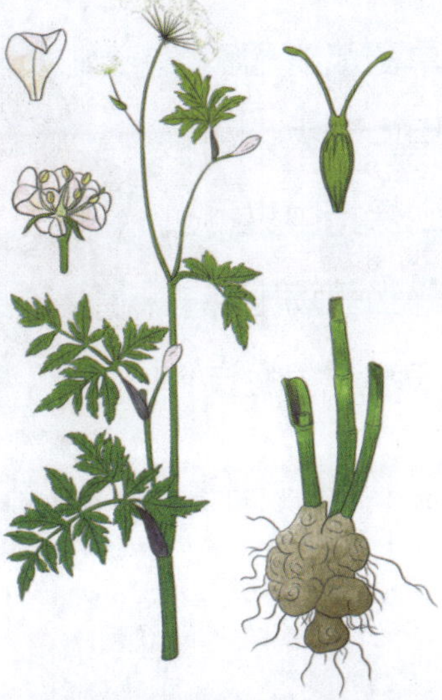

天南星

## 制作过程

**浸泡清洗**

将中草药用清水浸泡30分钟左右，去除泥沙等杂质。再将浸泡过的中草药用流动的清水冲洗干净，去除杂物。

**研磨**

将洗净的中草药切成细小的碎末，可使用研钵研磨。

**煮制**

将已经研碎的中草药放入药锅中，加入适量清水，用中到大火烧开。煮沸后降低火力，保持中火不断地熬煮1～2小时。当药汤出现沸腾泡沫，并且由原来的深色变浅时，即熬煮完成。

## 过滤煎煮

将煮制好的中药渣过滤出来，保留药液。再将药液倒入药锅中，文火煎煮，待药液减少至原来的 1/3 时，即可倒出备用。

## 发展及意义

麻沸散是外科手术史上一项划时代的贡献。这项发明开创了世界麻醉药物的先例。比欧美各国全身麻醉技术早了上千年。

古代发明

# 圆周率

圆周率是圆的周长与直径的比值。它是精确计算圆周长、圆面积、球体积等几何形状的关键数值。我国古代的《周髀算经》中提出了“径一周三”的古率概念，定圆周率为三，即圆的周长是直径的三倍。

我国魏晋时期的数学家刘徽创造了用“割圆术”求圆周率的方法。我国南北朝时期的数学家祖冲之在前人的基础上研究计算出圆周率的值在 3. 1415926 和 3. 1415927 之间。

# 圆周率

3. 14159265358979323846264338327950288419716939937510582097494459230781 6

## 祖率

祖冲之在圆周率方面的研究适应了当时生产实践的需要。后人将这个精确推算值用他的名字命名为“祖冲之圆周率”，简称“祖率”。他用最新的圆周率成果修正了古代量器容积的计算。后来，人们制造量器时就采用了祖冲之的“祖率”数值。

# 割圆术

中国古代魏晋时期的刘徽是一名非常出色的数学家。他认为之前提到的“径一周三”的概念结果太模糊了，不够精确，不能作为圆周率的数值。

刘徽在无意中看到石匠将方形石头切割成圆柱后得到了灵感。他按照石匠的方法从圆内接正六边形开始，逐次不断地“割圆”。这个方法包含了求极的思想。刘徽在得到圆周率的近似值是 3.14 后，将这个数值进行检验，发现 3.14 这个数值还是偏小。于是继续割圆，逐渐得到令自己满意的圆周率。

**九章算术注（节选）**

【魏晋】刘徽

割之弥细，所失弥少，割之又割，以至于不可割，则与圆合体，而无所失矣。

## 算筹

在祖冲之的那个时代，算盘还未出现，人们普遍使用的计算工具叫算筹。通过对算筹的不同摆法，来表示各种数目。计算数字的位数越多，所需要摆放的面积就越大。筹算每计算完一次就得重新摆动以进行新的计算。祖冲之对九位有效数字的小数进行了加、减、乘、除和开方运算等十多个步骤的反复演算，求出了当时世界上最精确的圆周率数值。

## 影响及意义

祖冲之算出的圆周率给当时的人们帮了大忙。之前的量器大多是圆柱状，很难精确计算容积。此后的人们制造量器便采用祖冲之推算的圆周率数值，减少了误差，为日常生活提供了方便。

故宫嘉量

——外形呈圆柱状的量器

古代发明

# 珠算盘

珠算盘是一种手动计算工具，是中国古代的一项重要发明。一般由长方形木框内排列的一串串等数目的算珠组成。木框中间有一道横梁，梁上2珠，每珠代表5，梁下5珠，每珠代表1。每串珠从右至左代表十进位的个、十、百、千、万等位数。

中国古代早期人们将象牙、骨头或竹片做成的小珠子放入盘内，以此计数。但是珠子容易滚动散失，于是人们把珠子穿起来使用，后来又将珠子排列起来就成了算盘。随着时间的推移，逐渐演化成了高效的计算工具——珠算盘。使用珠算盘，人们可以进行加、减、乘、除等各种数学运算而不需要纸笔。

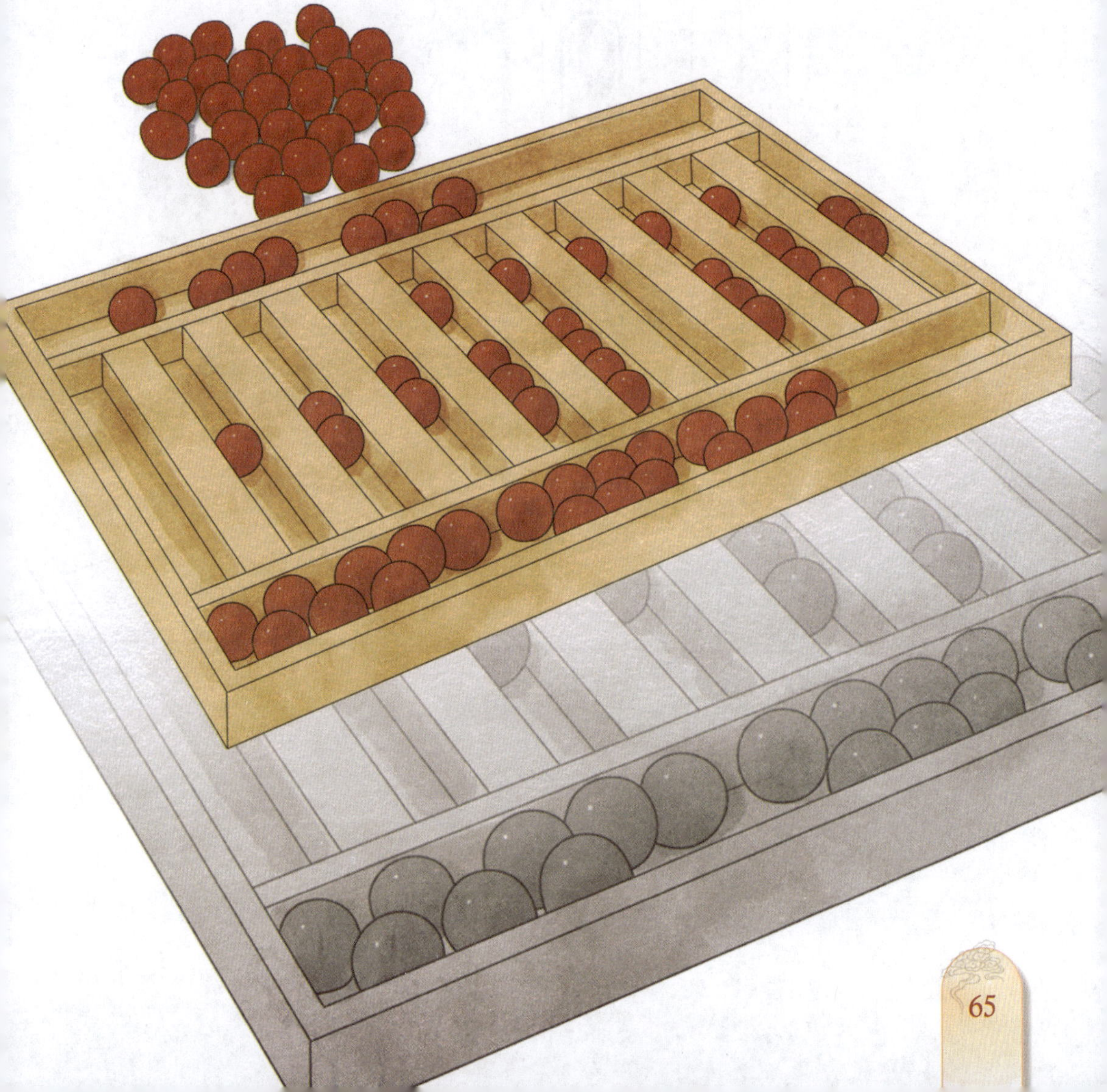

## 起源

据史料记载，最早用来计算的圆珠便是西周时期的陶丸。后来演化为珠算盘的同时，也有了具体算法和运算规律。在进行计算时采用“五升十进制”，即每一档“满 5”时便用 1 粒上珠表示，每一档“满 10”时便向前一档进 1 粒下珠。

### 警世通言（节选）

【明】冯梦龙

兼之写算精通，……别船上交易，也多有央他去拿算盘，登帐薄。

## 使用方法

### 构造

上框内每列有2个珠子，下框内每列有5个珠子。开始计算时，所有的珠子归位到框底部。上框内的珠子代表数字5，下框内的珠子代表数字1。

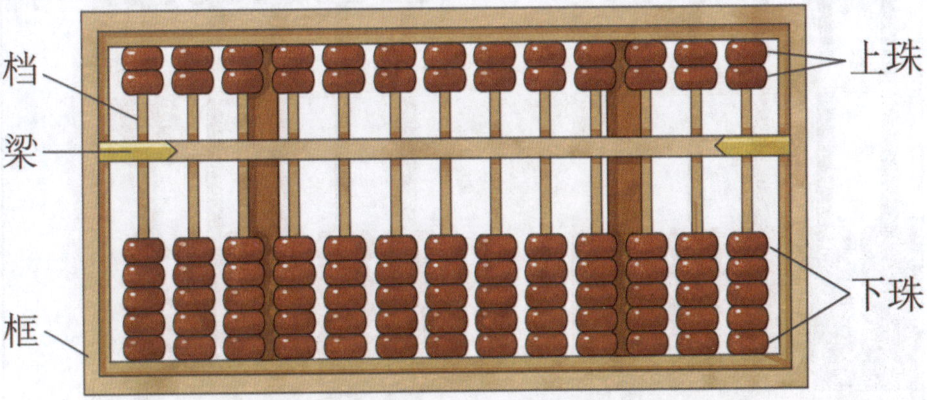


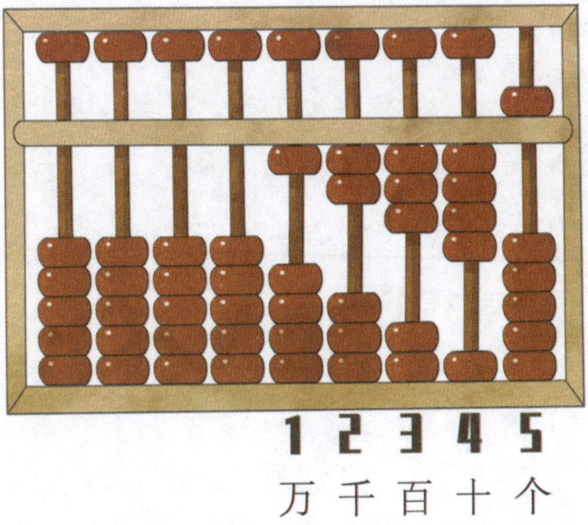


### 固定数值

纵列每一栏珠子代表一个数位的值。因此，从右数第一栏是个位，第二栏是十位，第三栏是百位，以此类推。

## 记数

记数的时候拨上去珠子，“1”是用右边第一栏下框内拨上去 1 个珠子表示，“2”用拨上去 2 个珠子表示，以此类推。

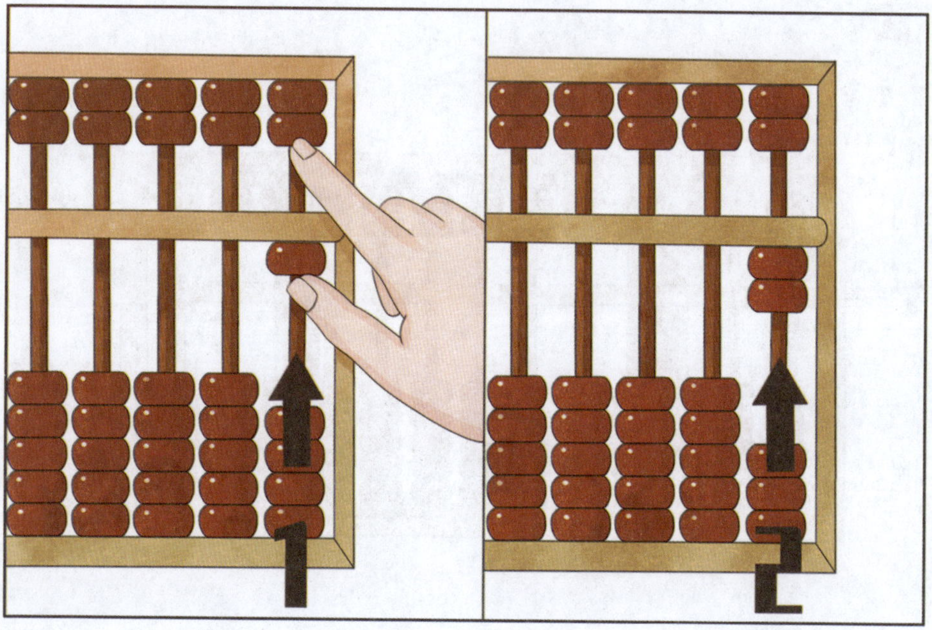


## 使用方法

算盘可以进行加、减、乘、除等多种运算，这些运算都依赖于算盘独特的结构和算法。例如，在加法运算中，可以通过将相应数位上的算珠拨起来表示加数；在减法运算中，则可能需要通过“借位”的方式来表示减数。

## 发展与传承

由于珠算盘制作简单，价格便宜，算法口诀便于记忆，运算简便，所以在中国被普遍使用，并且陆续流传到了日本、朝鲜、美国和东南亚等国家和地区。如今，虽然已经进入了电子计算机时代，但是古老的算盘仍然发挥着一定的作用。

## 发明意义

珠算盘的发明一方面反映了我国古代科学的超高水准，同时也是古代人民智慧的结晶。在我国古代文化史中，珠算盘以其独特的魅力与民俗、文学等众多文化因素相融合，时至今日仍然熠熠生辉。

## 古代发明

# 天文仪器

中国古人很注意对太阳的观察。出于农牧业发展的需要，远古时期的中国建造出各种工具。古人通过使用这些工具记录太阳的移动，总结出一系列历法。

中国现存最早的天文观测建筑之一

——登封观星台

在中国古代，天文学又称之为历象之学。历指历法；象指观测天象，预卜吉凶。早期的天文台除了观测天象，还兼做气象观测，有时还是祭祀的场所，后来逐渐将两者分开，天文台成为专门进行观测的地方。随着观测水平的发展，天文台上出现了各类仪器设备。中国古代天文台主持或负责编历与计算时间。

古代观象台

## 起源

东汉时期，当时都城洛阳建有明堂和灵台。归太史令管辖，灵台丞负责观测日月星气。据史料记载，这座灵台是当时全国最大的国家天文台。东汉天文学家张衡先后两次出任太史令，负责此台的观测工作。后来经考古发掘，这座东汉灵台的遗址在洛阳城南郊（今偃师区内）被发现。

### 灵台诗

【东汉】班固

乃经灵台。灵台既崇。
帝勤时登。爰考休征。
三光宣精。五行布序。
习习祥风。祁祁甘雨。
百谷蓁蓁。庶草蕃庑。
屡惟丰年。于皇乐胥。

## 主要仪器

### 象限仪

主要用于测定天体的地平高度或天顶距。主要由象限环、数轴、竖轴、横轴、窥横等组成。

### 圭表

一种度量日影长度的天文仪器，由“圭”和“表”两个部件组成。

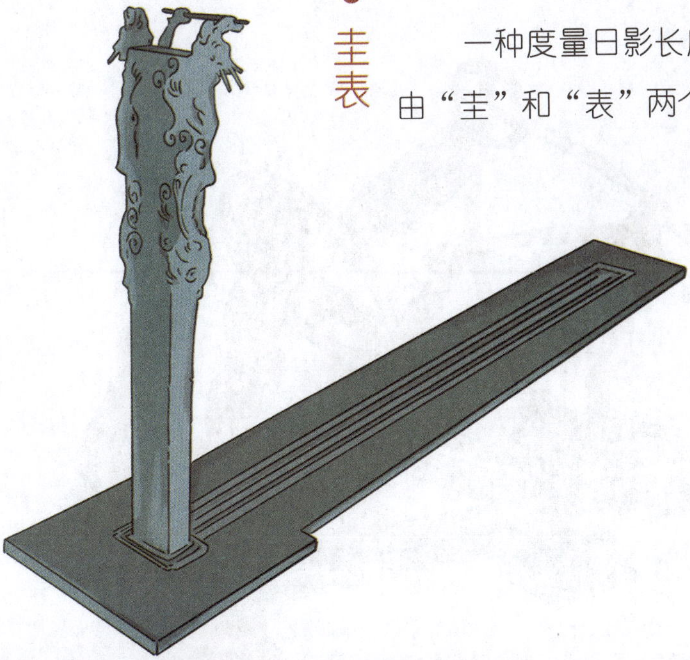

## 日晷

观测日影计时的仪器。主要是根据日影的位置得到当时的时辰或刻数。日晷通常由铜制的指针和石刻的圆盘组成。

## 简仪

简仪是我国元朝时期著名天文学家及水利专家郭守敬创制的一种测量天体位置的仪器，简仪将结构繁复的唐宋浑仪化为两个独立的观测装置，克服了传统浑仪上环规众多、遮住观测视线的缺点。

## 浑天仪

浑仪和浑象的统称。仪器按照刻度慢慢转动，能反映天象变化的情况。

## 发明贡献

我国古代天文学家在天文观测、仪器制造和理论研究等方面取得的成果，不仅对中国天文学技术的发展产生重要影响，对世界天文学技术的发展也有重要的贡献。通过对这些仪器的研究，后世发明了许多新的科学仪器，如望远镜、光谱仪等。

# 中国古代科技发明年表

商（殷）

公元前1600年—公元前1046年

冶炼铸造——青铜铸造

商周时已鼎盛

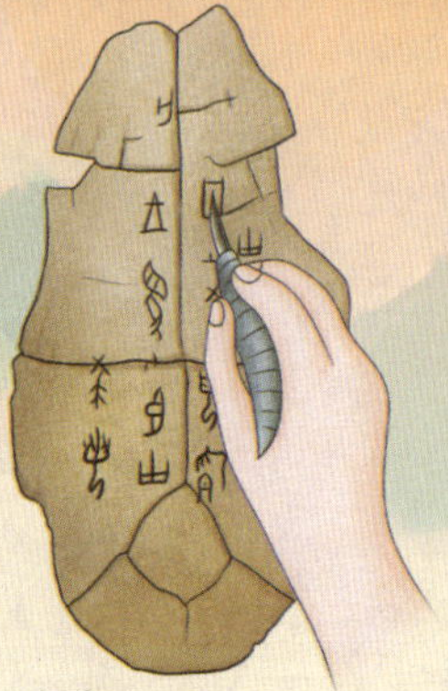

甲骨文

商

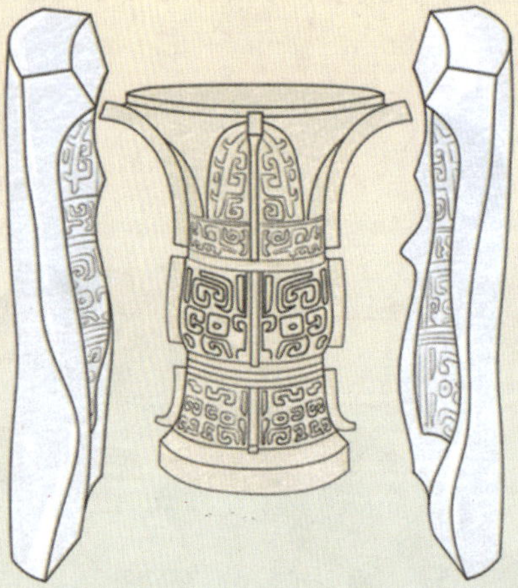

周（西周 东周）

公元前1046年—公元前256年

冶炼铸造——叠铸法

春秋战国

指南针——司南

战国

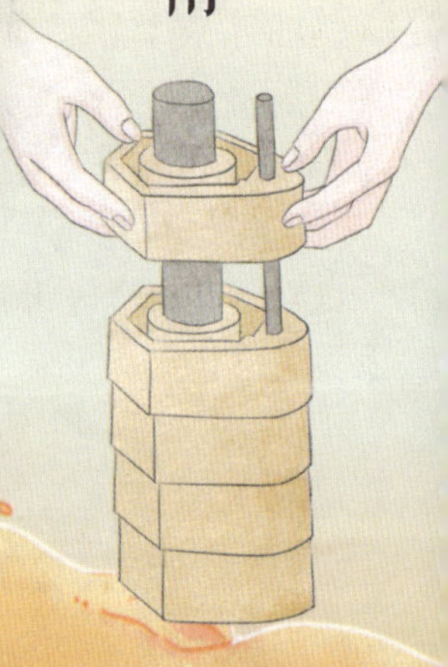

## 秦

公元前 221 年—公元前 206 年

## 汉（西汉 东汉）

公元前 206 年—公元 220 年

### 推行干支纪年

汉章帝元和二年

### 造纸术

汉

### 纺织术——提花机

不晚于公元前 1 世纪

### 麻沸散

东汉末年

## 三国

公元 220 年—公元 246 年

## 晋

公元 265 年—公元 420 年

南北朝 公元420年—公元589年

圆周率 南朝

隋 公元581年—公元618年

唐 公元618年—公元907年

火药 约公元9世纪

五代 公元907年—公元960年

宋（北宋 南宋） 公元960年—公元1279年

活字印刷 公元11世纪中叶

活字印刷——轮转排字架 元朝

天文仪器——简仪 元朝

辽 公元907年—公元1125年

西夏 公元1038年—公元1227年

金 公元1115年—公元1234年

元 公元1206年—公元1368年

明 公元1368年—公元1644年

清 公元1616年—公元1911年

中华文化
探索之旅
启迪
文化传承
启智润心 传承千年文化
乐享
国学剧场
生动放映 娓娓道来
筑造
传统美德
先贤智慧 照亮成长之路
制胜
国学殿试
思辨真理 挑战国学智慧
扫码开启

# 二十四节气

## 从古至今看中国

万建中◎主编

扫码获得

文化传承
国学剧场
传统美德
国学殿试

吉林科学技术出版社

**图书在版编目（CIP）数据**

二十四节气 / 万建中主编. -- 长春 : 吉林科学技术出版社, 2025. 3. --（从古至今看中国）. -- ISBN 978-7-5744-1859-2

Ⅰ. P462-49

中国国家版本馆CIP数据核字第2024WV7734号

**从古至今看中国　二十四节气**

CONG GU ZHI JIN KAN ZHONGGUO ERSHISI JIEQI

# 目录

二十四节气

# 立春

立春是二十四节气中的第一个节气，在每年阳历的2月3、4或5日，也叫打春、立春节。立有开始的意思，立春代表着春天来临，天气逐渐变暖，万物复苏，日照、降水逐渐增加，农耕播种即将开始。

“一年之计在于春”，从古至今人们都非常重视立春。古代天子亲自带领大臣到东郊迎春，祈求风调雨顺；在民间也有游春、送春、咬春等习俗。现在，小朋友们每到立春要吃春饼和萝卜来“咬春”，有的还要佩戴“春鸡”，踏青迎春，这些都是民俗的传承。

## 咬春

每到立春，每家每户都会吃萝卜和包有新鲜蔬菜的春饼，有的地方还会制作春盘、春卷，意为咬春。据奶奶说，立春这天吃一些春天的新鲜蔬菜，既能防病，又有迎接新春的意思，还能解春困。小朋友们要多咬几口春啊！

### 立春偶成

【宋】张栻

律回岁晚冰霜少，
春到人间草木知。
便觉眼前生意满，
东风吹水绿参差。

## 戴春鸡

立春这天，给小朋友佩戴由奶奶和妈妈亲手缝制的春鸡是先辈留下的传统。据老人说，“鸡”和“吉”字谐音，取吉利的意思。立春这天开始戴，期盼孩子从小开始吉星高照、平平安安。

## 物候

立春后的 15 天分为三候：

一候东风解冻，二候蛰虫始振，三候鱼陟（zhì）负冰。

### 东风解冻

东风代指春风，春天来了，气温逐渐回升，春风吹过，冰雪消融的大地开始变暖。

### 蛰虫始振

蛰指动物冬眠，藏起来不吃不动，振有抖动、摇动的意思。立春 5 日后，藏在洞中冬眠的虫类开始摇动，慢慢苏醒，迎接春天的到来。

### 鱼陟负冰

陟有上升的意思，负是背负、背着。立春后 10 日，河里的冰开始融化，水面温度升高，鱼从水底向水面游动。此时水面还有没完全融化的碎冰块，像被鱼背着一样漂浮在水面。

二十四节气

# 雨水

雨水是二十四节气中的第二个节气，在每年阳历2月18、19或20日。雨水是一个与降水有关的节日，这天之后降水量会逐渐增多，气温逐渐上升，冰雪融化不断蒸发，变成雨水重新回到大地，春天的气息扑面而来。但是由于冷暖空气交替出现，气温时而上升时而下降，小朋友们要注意多穿衣物保暖，适当“春捂”，避免感冒。

俗话说：“春雨贵如油。”春天是播种的季节，雨水之后是准备春耕的大好时机，除草、施肥、排水、春灌等都是为了秋天能够大丰收。雨水时节的降水量对庄稼的生长影响巨大，北方降水较少，可适当进行春灌；南方降雨较多，要适当排水，保证能满足庄稼对水量的需求。

## 撞拜寄

雨水是一个富有想象力和人情味的节气。在川西地区，母亲会带着幼小的孩子在雨水这天早早起床，拦住路上遇到的第一个行人拜成干亲，取雨露滋润易生长之意，寄托了父母希望儿女健康成长的美好愿望。这项习俗在川西农村保留至今，城市则改为朋友之间互相“拜寄”子女。

### 早春呈水部张十八员外

【唐】韩愈

天街小雨润如酥，

草色遥看近却无。

最是一年春好处，

绝胜烟柳满皇都。

## 春灌

春灌是在春天向农田中灌入适量的水，以保证庄稼正常生长。我国西北、华北和东北等地区降水量较小，一年中分布极不平均，为满足庄稼日益增长的需水量，应及时进行春灌。春灌可以降低农田昼夜温差、减少冻害，可以说是一举多得。

## 物候

雨水后的 15 天分为三候：

一候獭（tǎ）祭（jì）鱼，二候候雁北，三候草木萌动。

### 獭祭鱼

春天到了，小动物们开始外出活动。其中，可爱的水獭喜欢吃鱼。水獭抓到鱼之后，会整齐地摆放在岸上，等到抓够数量才开始食用。岸上的鱼很像人们在祭祀（sì）时摆放的祭品，这才有了獭祭鱼这个物候。

### 候雁北

深秋，大雁会飞到南方温暖的地方过冬，到了春天再成群结队地飞回北方。它们在空中时而“一”字形排列，时而“人”字形排列，“嘎嘎”叫着宣布春天的到来。

### 草木萌动

气温变暖，春雨淅淅沥沥地下着，小草悄悄钻出地面，树木渐渐长出嫩芽，放眼望去，满眼都是绿油油的，一片春意盎然。

二十四节气

# 惊蛰

惊蛰是二十四节气中的第三个节气，古代称为“启蛰”，在每年的阳历3月5、6或7日。从惊蛰这天开始，气温上升明显，春雷阵阵响起，古人认为：冬眠的小动物听到雷声，知道春天来了，开始外出觅食，迎接新的一年。但是小动物其实并不能听到雷声，天气变暖才是它们结束冬眠的主要原因。惊蛰时节我国除东北、西北地区气温仍较低外，大部分地区温度已达到0℃以上，南部地区更是达到10℃以上，春光明媚。

“春雷响，万物长”，惊蛰过后，春耕正忙。古人根据惊蛰时节的雷声可以判断未来天气，指导农耕活动。现代科学研究表明，惊蛰时节近地面热气上升或北上暖湿气流活动频繁易形成雷雨云，所以雷鸣较多。我国幅员辽阔，南北跨度大，春雷始鸣的时间不一，“惊蛰始雷”的说法仅与长江流域的气候规律相吻合。

## 惊蛰与启蛰

惊蛰最初称为启蛰，本意为蛰虫开始活动，春分之后即为启蛰。汉代第六位皇帝的名字是刘启，为了避讳，将“启”改为意思相近的“惊”，并与雨水节气互换位置。

### 观田家（节选）

【唐】韦应物

微雨众卉新，
一雷惊蛰始。
田家几日闲，
耕种从此起。

## 惊蛰吃梨

惊蛰时节，乍暖还寒，气候比较干燥，吃梨可以止咳润肺，增强体质，抵御病菌侵袭，所以民间一直有惊蛰吃梨的习俗。而“梨”与“犁”同音，惊蛰吃梨也有预示春耕开始之意。

## 物候

惊蛰后的 15 天分为三候：

一候桃始华，二候仓庚鸣，三候鹰化为鸠（jiū）。

### 桃始华

桃，果实名，多年生木本植物，粉红色花。“华”通“花”，在这里是开花的意思。惊蛰之后 5 天，粉红色的桃花开放。

### 仓庚鸣

仓庚即黄鹂，通体黄色，带有黑色花纹的鸟，叫声欢快明亮，被称为“小小歌唱家”。惊蛰时节，黄鹂感受到春天的气息，在树枝上跳来跳去，尽情歌唱。

### 鹰化为鸠

鹰，泛指猛禽；鸠即布谷，一种灰色的鸟类，大小与鸽子相仿。古人认为鸟类感知季节变化，春天鹰化为鸠，而秋天鸠化为鹰。其实这是古人观察不仔细的结果，春天鹰隐藏起来繁殖，而鸠开始鸣叫，古人把鸠错认成了鹰。

二十四节气

# 春分

春分是二十四节气中的第四个节气，在每年阳历3月20或21日，这天昼夜平分，是春季90天的中分点。春分时太阳光直射赤道，理论上全球昼夜时长相同，由于南北半球季节相反，在北半球春分时，南半球为秋分。春分之后，北半球白昼渐长黑夜渐短，南半球白昼渐短黑夜渐长。

春分除了天文学意义——南北半球昼夜平分，在气候上也有明显规律。我国除部分高纬度地区外，均已进入春天，莺飞草长、小麦拔节、油菜花香，春耕大忙的同时，也是植树的好时机。春分时节受冷暖空气影响，会连续阴雨和倒春寒，小朋友们要注意保暖，随天气增减衣物。

## 竖蛋游戏

“春分到，蛋儿俏”，每年春分，人们会尝试“竖蛋”。将一个表面光滑、个体匀称的新鲜鸡蛋，大头朝下轻轻摆放在平整的地方，鸡蛋竖直并保持不动，等到蛋黄慢慢沉到底部，鸡蛋就能自己“站着”啦。

### 咏柳

【唐】贺知章

碧玉妆成一树高，
万条垂下绿丝绦。
不知细叶谁裁出，
二月春风似剪刀。

## 吃春菜

岭南有春分吃春菜的习俗。春菜是一种野苋（xiàn）菜，也叫春碧蒿——嫩绿色细细的一棵，手掌长短。春菜和鱼片一起做成春汤，既美味又有营养。

## 物候

春分后的 15 天分为三候：

一候元鸟至，二候雷乃发声，三候始电。

### 元鸟至

元鸟即玄鸟，燕子的别名。春分之后，大地回春，燕子从南方飞回北方。穿花衣的小燕子衔着泥巴，忙着为自己筑巢。

### 雷乃发声

古人认为雷声是阳气的声音，春分时节阳气增长但还不足以冲破阴气，所以只能听到阵阵雷声。

### 始电

闪电是阳气的光芒，阳气微弱时看不见光芒，阳气旺盛但仍然受阴气抑制会发出闪电，寓意春分后阳气逐渐增多。事实上，雷电是一体的，只能听见雷声或只能看见闪电，是由于闪电或雷声距离我们较远或能量较微弱，没有被观察到或听到。

二十四节气

# 清明

清明是二十四节气中的第五个节气，在每年阳历4月4、5或6日，也叫踏青节、三月节，有天气晴朗、草木茂盛的意思。每到清明时节，大家会早早起床给逝去的先人扫墓，外出踏青，食用寒食。“清明前后，种瓜点豆”，清明时节气温变暖，降水增多，正是春耕的大好时节。但有时仍有冷空气入侵，还应适当保暖防寒。

清明寒食、扫墓的习俗来自另一个节日——寒食节。春秋战国时期，晋国公子重耳逃亡在外，绝粮之际，随从介子推将自己的肉割给他充饥，后来重耳回到晋国做了国君（史称晋文公），介子推却拒绝封赏，带着母亲隐居山林。晋文公下令烧山，介子推拒不出山，与母亲被大火烧死。为纪念介子推，晋文公下令每年这天禁止生火，只吃寒食。后来寒食节与清明节合并，纪念介子推变成了扫墓。

## 扫墓

清明节是一个纪念祖先的节日，主要纪念仪式是扫墓。秦汉时代开始，墓祭成为不可或缺的礼俗活动。之后墓祭被归入五礼之中，得到官方肯定。扫墓是表达对已逝亲人的思念，是孝道的体现，清明节因此成为华人的重要节日。

### 清明

【唐】杜牧

清明时节雨纷纷，
路上行人欲断魂。
借问酒家何处有，
牧童遥指杏花村。

## 饮食

清明这天吃鸡蛋是很多地方的习俗。将鸡蛋煮熟，两人手拿鸡蛋互相撞击，赢的人喜笑颜开，输的人也不会伤心，吃掉手中鸡蛋即可。河北、湖南等地会在蛋壳上用颜料彩绘出各种图案，样式精美、色彩斑斓（lán）。江南地区则更喜食青团，染成青色的糯米皮包裹着甜甜的豆沙和一小块猪油，入笼蒸熟，吃起来香甜可口。

## 物候

清明后的 15 天分为三候：

一候桐始华，二候田鼠化为鴽（rú），三候虹始见。

### 桐始华

桐，即梧桐，清明前后，粉白色的梧桐花竞相开放。梧桐花是春天里开放较晚的花，这时春天过去大半，不知不觉已到晚春。桐花在古代诗词中常常出现，寓意高洁不屈的品质，抒发感伤晚春之情怀。

### 田鼠化为鴽

鴽，古书上指鹌鹑类的小鸟。清明之后，田地里的老鼠不喜高温，躲到地下洞穴中生活，而地面上的小鸟多了起来。古人因为观察条件有限，误认为田鼠变成了小鸟。

### 虹始见

彩虹一般出现在雨过天晴、空气湿润的时候。阳光照射到空气中的水滴，光线被折射和反射，在天空形成的拱形七色彩带，就是彩虹。清明节后，降水丰沛（pèi），因此我们可以经常看到彩虹。

二十四节气

# 谷雨

谷雨是二十四节气中的第六个节气，在每年阳历4月19、20或21日，是春天的最后一个节气。谷雨来源于“雨生百谷”的说法，指雨水增多，有利于谷类作物生长，是一个将物候与农事紧密联系的节气。“清明断雪，谷雨断霜”，谷雨到来意味着寒潮天气基本结束，气温迅速回升。此时正是庄稼生长的最佳时期，播种、插秧成为主要农活，农忙时节正式开启。

谷雨时节南北方天气差异明显，南方开始明显多雨，往往形成较长时间的降雨，如果遇到强对流天气，还会带来冰雹（báo）、雷暴、狂风等灾害，并伴有大暴雨。北方由于气温升高、降雨减少，土壤干燥疏松，如果遇到大风，容易形成沙尘天气。

## 祭海

“谷雨时节，百鱼上岸”，谷雨对于渔民来说，意味着海上捕捞丰收的开始。谷雨之后海水渐暖，鱼虾洄游到近海区域，形成鱼汛。谷雨这天，渔民们在海神庙、码头或渔船上摆设贡品，祭祀海神。祭海寄托了人们祈求出海平安、鱼虾满舱的愿望，以及渔民对大海的感恩之情。

### 春晓

【唐】孟浩然

春眠不觉晓，
处处闻啼鸟。
夜来风雨声，
花落知多少。

## 饮食

北方有谷雨吃香椿的习俗，谷雨之前是香椿上市的季节，这时的香椿口感最好，营养价值最高，有“雨前香椿嫩如丝”的说法。南方有喝谷雨茶的习俗，谷雨这天采摘的茶有清火、明目等功效。因此，无论谷雨天气如何，茶农们都会去采摘一些新茶回来加工成谷雨茶。

## 物候

谷雨后的 15 天分为三候：

一候萍始生，二候鸣鸠拂其羽，三候戴胜降于桑。

### 萍始生

萍指浮萍，是生长在水田、湖泊中的绿色植物。谷雨时节雨水丰沛，水温上升，水中养分增多，浮萍随之大量生长，是谷雨节气现象之一。

### 鸣鸠拂其羽

鸠是斑鸠，这里指布谷鸟。拂其羽，指布谷鸟梳理羽毛像跳舞一样。谷雨时节，布谷鸟时而在树上鸣叫，时而梳理羽毛，提醒人们开始播种。

### 戴胜降于桑

戴胜指戴胜鸟，全身棕色，翅膀和尾巴是黑色，有白色横斑。头上有长羽冠，展开时像孔雀开屏，非常美丽。谷雨时节，戴胜鸟开始在桑树上活动。戴胜鸟象征着祥和、美满、快乐。

二十四节气

# 立夏

立夏是二十四节气中的第七个节气，在每年阳历5月5、6或7日。立夏是夏季第一个节气，表示我们即将告别春天，迎来炎热的夏天。这天开始，气温迅速升高，雷雨增多，白天逐渐延长，夜晚逐渐变短。江南地区正式进入雨季，雨量和雨日明显增多，整日阴雨连绵；北方地区气温迅速上升，降雨较少，易造成干旱。

立夏时节是农作物的生长旺季，油菜等夏收作物进入生长后期，当年产量已基本定型，故有“立夏看夏”的农谚；水稻栽插和其他春播作物的管理则进入了大忙季节，除浇水、施肥外，还应注意及时除草。

## 立夏斗蛋

从立夏开始，天气逐渐炎热，人们会有身体疲劳、四肢无力、食欲减退等感觉，称为“疰夏”。“立夏吃了蛋，热天不疰夏”，人们认为小孩子立夏吃蛋、在胸前挂上煮熟的鸡蛋，可避免疰夏。立夏这天，三五成群的孩子用立夏蛋进行斗蛋游戏，蛋头斗蛋头，蛋尾斗蛋尾，壳不破者为胜。蛋头胜者为第一，蛋称大王；蛋尾胜者为第二，蛋称小王。

### 小池

【宋】杨万里

泉眼无声惜细流，
树阴照水爱晴柔。
小荷才露尖尖角，
早有蜻蜓立上头。

## 立夏称人

立夏吃过午饭还有称人的习俗。在村口或大树上挂起一杆大木秤，秤钩悬挂凳子，大家轮流坐到凳子上面称体重。司秤人一面打秤花，一面讲吉利话，体重增加就是“发福”，体重减少就是“消肉”。人们以此祈求清净安乐、福寿双全。

## 物候

立夏后的 15 天分为三候：

一候蝼蛄（lóu gū）鸣，二候蚯蚓（qiū yǐn）出，三候王瓜生。

### 蝼蛄鸣

蝼蛄又名土狗、蝲蝲蛄（là là gù）、地牛等，是一种杂食性昆虫，生活在泥土中。主要在夜间与清晨活动于地表下，吃新播的种子，咬食农作物根部。立夏后 5 日，可以听见蝼蛄在田间鸣叫（一说是蛙声），预示着夏天来临。

### 蚯蚓出

蚯蚓又名地龙，生活在潮湿、疏松的土壤中。蚯蚓可以入药、做饲料、疏松土壤。立夏后雨水增多，土壤湿度增大，蚯蚓会爬出土壤进行呼吸。

### 王瓜生

王瓜又名土瓜，葫芦科多年生草质藤本植物，果实、种子、根均可入药，具有清热、生津、化瘀等功效。立夏后 10 天，天气温暖，雨水充沛，王瓜开始迅速生长，六七月时结出椭圆形果实，成熟后呈红色。

# 小满

小满是二十四节气中的第八个节气，在每年阳历5月20、21或22日。其含义是夏天成熟的农作物籽粒开始灌浆饱满，但还未完全成熟，只是小满，还未大满。小满时节，北方的夏熟作物籽粒开始饱满，早稻开始结穗，可见小粒的谷实；南方进入夏收夏种季节。除东北和青藏高原以外，各地平均气温可达到22℃，南北温差进一步缩小，降水增多。

“小满不满，麦有一险”，小满前后雨水不足或农田供水不足，容易使小麦遭受干热风侵害，从而导致小麦灌浆不足、籽粒干瘪而减产。干热风是一种高温、低湿并伴有大风的农业灾害性天气，可通过种植防护林、喷洒化学药物等预防。

## 祭车神

“小满动三车”，三车即水车、纺车、油车，祭车神是一些农村地区的古老习俗。传说中的车神是一条白龙，在小满时节，人们在水车上放置祭品、香烛等进行祭拜，特殊之处在于祭品中有一杯白水，祭祀时泼入田中，有祝福水源涌旺之意。这些习俗表明了农民对水利灌溉的重视。

### 五绝·小满

【宋】欧阳修

夜莺啼绿柳，
皓月醒长空。
最爱垄头麦，
迎风笑落红。

## 祭蚕

传说中小满是蚕神诞辰，江浙一带在小满时举行祈蚕活动。在农耕时代，养蚕是江浙地区重要收入来源之一，但是蚕很难养活，气温、湿度、桑叶的质量都会影响蚕的生存。古人把蚕视为“天物”，通过祭蚕获得“天物”青睐，祈求一年养蚕能有好收成。

## 物候

小满后的 15 天分为三候：

一候苦菜秀，二候靡草死，三候麦秋至。

### 苦菜秀

苦菜是中国人最早食用的野菜之一，《诗经》中已有记载，秀表示谷物抽穗开花。小满时节，漫山遍野的苦菜开着黄色小花，显示出夏天的朝气蓬勃。

### 靡草死

靡草指喜阴的绿色植物，枝条细小绵软。小满时阳光充足，气温较高，靡草被烈日灼伤而死。

### 麦秋至

“秋”字表示百谷成熟之时，而并非季节上的秋季。古人将谷物播种称为春，谷物收获称为秋，因此虽然还是夏季，却到了小麦成熟收获的季节。

二十四节气

# 芒种

芒种是二十四节气中的第九个节气，在每年阳历6月5、6或7日。芒种是一个体现农业种植时间的节气，“芒”指大麦、小麦等有芒作物已经成熟，可以进行收割，“种”指水稻、黍、稷等夏播作物进入播种的季节。“芒种”也称“忙种”，是农民收获、播种、农耕最为繁忙的季节。

芒种时节降水充足，全国大部分地区进入雨季，气温显著升高，常伴有冰雹、大风、暴雨、龙卷风等自然灾害。长江中下游地区进入梅雨季节，雨日多、雨量大、日照少，适量梅雨对水稻、棉花的生长十分有利；黄淮平原和西南地区进入多雨季节，部分地区冰雹天气增多，农业生产应提早预防灾害天气。芒种期间，各地均会出现35℃以上高温天气，部分地区可能出现40℃以上高温天气，应注意防暑降温。

## 送花神

芒种在农历五月间，百花凋零，民间多在这天送花神归位，以此表达对花神的不舍和感激之情，盼望来年再次相会。这项习俗现已不存，但在著名小说家曹雪芹所写的《红楼梦》中有详细记载。

### 时雨（节选）

【宋】陆游

时雨及芒种，
四野皆插秧。
家家麦饭美，
处处菱歌长。

## 煮梅

每年的五六月份是青梅成熟的季节，青梅含有多种天然有机酸和矿物质，具有消除疲劳、降血脂、增强人体免疫力等功效。但新鲜梅子大多味道酸涩，需煮制加工后才能食用，这个过程就是煮梅。芒种时节食用煮梅可防暑消夏，帮助消化。

## 物候

芒种后的 15 天分为三候：

一候螳螂（táng láng）生，

二候䴗（jú）始鸣，三候反舌无声。

### 螳螂生

螳螂又称刀螂，是一种中大型肉食性昆虫，前肢发达呈镰刀状，用来捕食猎物。螳螂分布广泛，以昆虫为食，是很多农业害虫的天敌。一般于八九月产卵，第二年的芒种前后，气温、湿度满足条件后，孵（fū）化出小螳螂。

### 䴗始鸣

䴗，古书中指伯劳鸟，常将捕食的猎物挂在带刺的树上，又称屠夫鸟。伯劳鸟生活在开阔的林地，生性凶猛，有“小猛禽”之称。芒种时节伯劳鸟开始繁殖，有危险时它们会大声鸣叫以保护后代。

### 反舌无声

反舌指反舌鸟，也称百舌鸟，鸣声甜美，能学各种鸟鸣叫。雄鸟全黑色，嘴橘黄色，眼圈略浅。雌鸟上体黑褐色，下体深褐色，嘴暗绿色至黑色。芒种时节，反舌鸟停止鸣叫。

二十四节气

# 夏至

夏至是二十四节气中的第十个节气，在每年阳历6月21或22日。夏至这天，太阳直射地球的位置到达一年中最北端，几乎直射北回归线，北半球各地的白昼时间达到全年最长，且越往北白昼越长。夏至以后，太阳直射地球的位置逐渐向南移动，北半球的白昼时间逐渐缩短。

夏至过后，气温居高不下，进入“高温桑拿天气”，应时刻注意避暑降温，清晨或傍晚天气凉爽时，可在空气新鲜的地方进行适当运动。夏季暴雨频繁，有强雷鸣闪电时，不要在树下避雨，避免发生意外，使用手机、电视等电子产品也应注意安全。

## 夏至吃面

“冬至饺子夏至面”，我国大部分地区都有夏至吃面的习俗，俗语有“吃过夏至面，一天短一线”。夏至后天气炎热，正式进入伏天，所以夏至面也称“入伏面”。南方的面条品种繁多，如阳春面、肉丝面、三鲜面、热干面等，北方则吃打卤面和炸酱面。

古代夏至日祭神，使用当年新收的小麦磨制面粉，制作祭祀用的面条。一方面庆祝丰收，另一方面也有试吃新面粉之意。

### 竹枝词

【唐】刘禹锡

杨柳青青江水平，
闻郎江上踏歌声。
东边日出西边雨，
道是无晴却有晴。

## 夏至吃“苦”

夏至天气炎热，易发生中暑，出现疲劳、肠胃不适等症状，宜多吃“苦”味蔬菜，如莜麦菜、莴笋、苦瓜等，能起到解热祛暑、消除疲劳等作用。苦瓜素有“菜中君子”的美称，苦中带甘、略含清香，夏天经常食用苦瓜能调和脾胃、消除疲劳，对中暑、肠胃不适有一定的预防作用。夏至喝一些带苦味的饮料，如苦丁茶、绿茶等，也能起到缓解疲劳的作用。

## 物候

夏至后的 15 天分为三候：

一候鹿角解，二候蜩（tiáo）始鸣，三候半夏生。

### 鹿角解

解，有脱落的意思。夏至时节，鹿角会自然脱落。鹿角每年经历生长、死亡、脱落 3 个过程，其中生长过程长达三四个月。春天来临时，鹿的头顶长出凸起的骨质结构，交配期生长至最大，交配期结束后脱落。

### 蜩始鸣

蜩，即指蝉、知了。夏至之后，蝉开始鸣叫。雄蝉腹部有一个发声器，能连续不断地发出响亮的声音，雌蝉腹部也有发声器，但不能发出声音。蝉的一生要经过卵、幼虫、成虫 3 个阶段，雌蝉在树上产卵，隔年经过太阳照射，卵孵化出幼虫钻入地下生活，成虫回到树上生活。

### 半夏生

半夏是多年生草本植物，生长在溪边阴湿的草丛中或林下，地下有白色小块茎可入药，有良好的止咳祛痰作用，生食有毒。

二十四节气

# 小暑

小暑是二十四节气中的第十一个节气，在每年阳历7月6、7或8日。暑表示炎热，小暑即小热，指天气开始炎热，但还没有到最热。我国大部分地区平均气温为30℃，最高可达35℃以上。小暑开始，南方梅雨季节结束，进入雷暴最多的季节，雷暴常伴随大风、暴雨出现，有时还会伴有冰雹，容易造成灾害。北方则进入太平洋东南季风带来的雨季，降水明显增加，雨量集中。

小暑前后，东北与西北地区忙于收割冬、春小麦，其他地区农业活动主要是田间管理。早稻处于灌浆后期，需要及时向田间补水，中稻及晚稻进入孕穗期和分蘖期，需及时追肥。

## 小暑“食新”

小暑过后有吃新米的习俗，称为食新。农民将新收割的水稻脱壳成米，做成米饭祭祀神灵和祖先，祈求一年的丰收，寄托对先人的思念。“食新”除了吃新米饭，还会喝尝新酒。城市里一般买少量新米与旧米同煮，同时配上新鲜上市的蔬菜。

### 小暑六月节

【唐】元稹

倏忽温风至，因循小暑来。
竹喧先觉雨，山暗已闻雷。
户牖深青霭，阶庭长绿苔。
鹰鹯新习学，蟋蟀莫相催。

## 夏不坐木

夏天气温高、湿度大，露天放置的木制桌椅，经过风吹雨淋，含水分较多，表面看起来干燥，但被太阳照射后，会向外散发潮气。在上面久坐会诱发关节炎、风湿、皮肤病等疾病。

## 物候

小暑后的 15 天分为三候：

一候温风至，二候蟋蟀居宇，三候鹰始鸷。

### 温风至

温风，即热风。小暑时节，几乎不再有凉风，所到之处都是热风，预示着最炎热的夏日即将来临。

### 蟋蟀居宇

“七月在野，八月在宇，九月在户，十月蟋蟀入我床下。”（出自《诗经·七月》）其中，八月指农历六月，即小暑时节；宇有屋檐的意思。蟋蟀因受不了田野的热气，躲到屋檐或院子的角落避暑。

### 鹰始鸷

鸷，有凶猛、凶狠的意思。小暑时候，鹰受不了地面热气，飞到天空中避暑。另一种说法是，鹰从小暑开始教导小鹰捕食。

二十四节气

# 大暑

大暑是二十四节气中的第十二个节气，在每年阳历的7月22、23或24日。大暑的天气比小暑还要热，“小暑大暑，上蒸下煮”。此节气处于“三伏天”的“中伏”前后，是一年中最热的时间。全国各地温差不大，长江流域的部分地区在大暑期间会出现40℃左右的高温天气，要做好防暑降温工作。

大暑期间农作物生长飞快，而各地旱灾、水灾、台风等灾害容易频发，所以农业生产上以抢种抢收，抗旱、排涝、防台为主。大暑时节如果没有充足的光照，会影响水稻、棉花等农作物生长；但若连续出现长时间的高温天气，则对水稻等作物生长十分不利。

## 大暑饮食

山东南部地区有大暑“喝暑羊”（即喝羊肉汤）的习俗，它不仅能祛除积热，还能排除体内毒素。福建则在大暑日吃荔枝、羊肉和米糟，叫作“过大暑”。大暑那天，亲友之间常互赠荔枝、羊肉。在广东则有大暑“吃仙草”的习俗，仙草具有神奇的消暑功效。

### 销暑

【唐】白居易

何以销烦暑，端居一院中。
眼前无长物，窗下有清风。
热散由心静，凉生为室空。
此时身自得，难更与人同。

## 赏荷花

大暑在农历六月，也叫荷月，各地多有赏荷的习俗。荷花出淤泥而不染，素有花中君子的美称。小朋友不仅要赏荷，还要学习荷花高洁的品质。

## 物候

大暑后的 15 天分为三候：

一候腐草为萤（yíng），二候土润溽（rù）暑，三候大雨时行。

### 腐草为萤

“季夏三月，腐草为萤”，古人认为大暑之后，腐败的枯草会化为萤火虫。其实是萤火虫将卵产在了枯枝落叶中，大暑时节孵化后，仿佛枯草变成了萤火虫。

### 土润溽暑

溽暑，即潮湿而闷热。大暑时土壤湿润，空气闷热且湿度很高，人们常常感觉不适，是一年中最热最难熬的时节。

### 大雨时行

大暑节气快要结束时，常有大的雷雨出现，雨势大但持续时间不长。大雨使暑湿减弱，天气渐渐向秋天过渡。

二十四节气

# 立秋

立秋是二十四节气中的第十三个节气，在每年阳历的8月7、8或9日，是秋天的第一个节气，标志着秋季的到来。秋季是天气由热转凉，由凉转寒的过渡性季节。一年之中最热“三伏天”的末伏，从立秋之后第三天开始，因此立秋之后，天气虽然不会马上凉爽，但会出现早晚凉、中午热的现象，小朋友除了做好防暑降温工作，还要适当添加衣物，预防感冒。

成语“一叶知秋”表示看到落在地上的叶子，就知道秋天快要到了。在宋代，到了立秋这天，皇宫中将梧桐盆栽移入室内，“立秋”时辰一到，太史官会高声说“秋来了”，梧桐应声落下一两片叶子，以寓报秋之意。

立秋时节，农作物生长旺盛，水稻开花结实、玉米长出雄蕊、大豆结出豆荚、棉桃成熟、甘薯块根迅速膨大，这些都需要大量水分，因此立秋时节应注意适时灌溉、追肥耕田、防治病虫害。

肥料

## 贴秋膘

民间有立秋这天称体重的习俗。夏季天气炎热，流汗多，没有胃口，饮食大多清淡，人们体重普遍有所减轻。为了弥补夏季损失的营养，立秋这天人们会“贴秋膘”，即食用红烧肉、炖肉、白切肉、烤肉等各种肉类。

### 秋词

【唐】刘禹锡

自古逢秋悲寂寥，
我言秋日胜春朝。
晴空一鹤排云上，
便引诗情到碧霄。

## 啃秋

“啃秋”也称“咬秋”，即在立秋这天吃西瓜，据说可以预防痱子。而在浙江等地，则是将西瓜与烧酒同食，起到预防疟疾的作用。立秋这天，全家人围在一起“啃秋”，既有对秋天的期待，也有丰收的喜悦。

## 物候

立秋后的 15 天分为三候：

一候凉风至，二候白露降，三候寒蝉鸣。

### 凉风至

立秋之后，我国大部分地区开始刮偏北风，偏南风逐渐减少，随着气温的降低，此时的风给人们带来丝丝凉意，已不是酷暑时的热风。

### 白露降

古人认为立秋后，湿气凝结为露，而秋属金，金是白色，故称为“白露”。现代科学表明，立秋后天气逐渐转凉，昼夜温差较大，夜晚空气中的水汽遇冷凝结成水珠，密集地附着在花草树木上。

### 寒蝉鸣

寒蝉，即秋天的知了。雄蝉通过振动腹部的发声器来鸣叫，吸引雌蝉进行交配。立秋后，知了感知到气温凉爽、光照适宜，于是开始鸣叫求偶。

二十四节气

# 处暑

处暑是二十四节气中的第十四个节气，在每年阳历的 8 月 22、23 或 24 日，是一个表示气温由炎热向寒冷过渡的节气。处有停止、终止的意思，处暑指炎热即将过去，暑气到这天终止。处暑节气意味着即将进入气象意义上的秋天，太阳直射点向南移动，白昼长度缩短，正午太阳高度降低，可以明显感觉太阳开始偏南，随着太阳高度的降低，带来的热量也逐渐减少。

处暑时节，除了气温明显降低，我国东北、华北、西北地区的雨季结束，开始了秋高气爽的天气。“一场秋雨一场寒”，每下过一场雨就会感觉到比较明显的降温，昼夜温差加大，人们往往不能适应夏秋之交的冷热变化，要注意预防呼吸道感染、肠胃炎、感冒等疾病。我国南部地区刚刚感受到一丝秋凉，在处暑快要结束的时候，会再次感受高温天气。

## 吃鸭子

民间有处暑吃鸭子的习俗，有白切鸭、烤鸭、荷叶鸭等，北京至今还保留着这个习俗。鸭肉味甘性凉，具有滋阴养胃、利水消肿的作用，对久病体虚者有补益作用。

### 长江二首（节选）

【宋】苏泂

处暑无三日，

新凉直万金。

白头更世事，

青草印禅心。

## 祭祖迎秋

处暑时节的民俗大多与祭祖和迎秋有关，民间有庆祝中元的活动，俗称“中元节”。中元节放的河灯也叫“荷花灯”，一般是在底座放上灯盏或者蜡烛，在中元夜放入江河中，任它自由漂流。放河灯是为了寄托对祖先的思念。

## 物候

处暑后的 15 天分为三候：

一候鹰乃祭鸟，二候天地始肃，三候禾乃登。

### 鹰乃祭鸟

祭鸟，即将鸟像祭品一样摆放。处暑时节可供鹰捕食的鸟类数量很多，鹰捕捉到鸟类后并不立刻食用，而是摆放在地上，如同祭祀一般。

### 天地始肃

肃有萎缩、凋零的意思。处暑之后，天气逐渐变冷，万物开始凋零，天地间充满肃杀之气。古时有“秋决”的说法，即顺应天地肃杀之气而行刑。

### 禾乃登

禾是黍、稷、稻等农作物的总称，登是成熟的意思。处暑时节，水稻、小麦、高粱等农作物相继成熟，进入收获的季节，田间一片繁忙的景象，家家户户洋溢着丰收的喜悦。

二十四节气

# 白露

白露是二十四节气中的第十五个节气，在每年阳历的9月7、8或9日。秋天气温降低，湿气在地面或附近物体上凝结成的水珠就是露水，白露是反映自然界气温变化的节气，炎热的夏天已经过去，凉爽的秋天随后到来。白露过后，昼夜温差可达十几摄氏度，清晨时分花草树木上凝结的白色露珠日益增多。

此时我国北方地区降水明显减少，比较干燥；长江中下游地区将迎来第一场秋雨；西南、华南和华西地区往往出现连续的阴雨天气；东南沿海可能会有大暴雨，因此应做好秋旱、森林火险、暴雨、霜冻等灾害的预防工作。

## 白露饮食

白露时节，茶树经历夏季的酷热，既不像春茶鲜嫩味淡，也不像夏茶干涩味苦，而是有一种独特的甘醇清香，爱喝茶的“老南京”都十分青睐“白露茶”。除了白露茶，南京地区还有酿制白露酒的习俗。浙江等地人们在白露这天采集“十样白”炖制鸭子，食用后可滋补身体。“十样白”即 10 种带“白”字的草药，如白木槿（jǐn）、白毛苦等。

### 白露（节选）

【唐】杜甫

白露团甘子，
清晨散马蹄。
圃开连石树，
船渡入江溪。

## 祭禹王

白露时节是太湖人祭祀禹王的日子。禹王是传说中的治水英雄大禹，他历经 13 年的治理，成功消除了中原洪水泛滥的灾祸，太湖畔的渔民称他为“水路菩萨”。每年正月初八、清明、七月初七和白露节都会祭祀禹王，其中又以清明、白露两次祭祀的规模最大。

## 物候

白露后的 15 天分为三候：

一候鸿雁来，二候玄鸟归，三候群鸟养羞。

### 鸿雁来

鸿雁即大雁，是一种季节性候鸟。白露时节，北方天气开始变冷，气温骤降，已不再适合大雁生存，大雁便飞往南方越冬。与雨水第二候“候雁北”对应，大雁在雨水时节飞来北方，白露时节飞回南方。

### 玄鸟归

玄鸟即燕子，是一种与人亲近的益鸟。白露时节，气温降低，庄稼收割结束，燕子的食物减少，它们便启程飞回南方度过冬天。与春分第一候“元鸟至”对应，燕子在春分时节飞来北方，白露时节飞回南方。

### 群鸟养羞

羞即馐，美食的意思；养羞即储藏食物。秋天是收获的季节，各种植物的种子都可供鸟类食用，鸟类会将种子作为食物带回自己的巢中以备冬季食用。

# 秋分

秋分是二十四节气中的第十六个节气，在每年阳历的9月22、23或24日，我国南方从这一节气才开始入秋。太阳在这天到达秋分点，几乎直射赤道，全球大部分地区昼夜平分。秋分过后，太阳直射点由赤道向南半球移动，北半球开始昼短夜长，即一天中白昼短于黑夜；南半球开始昼长夜短，即一天中白昼长于黑夜。秋分之后，北极将经历6个月的极夜，而南极则开始6个月的极昼。另外，按照我国古代以立春、立夏、立秋、立冬为四季开始的季节划分方法，秋分日处于秋季90天的正中，平分了秋季。

由于秋季降温快的特点，秋收、秋耕、秋种等农业生产活动时间格外紧张。华北地区忙于播种冬麦，长江流域及南部地区则忙着收割晚稻，翻耕土地播种油菜。秋分时节，干旱少雨或连续阴雨是影响农业生产正常进行的主要因素，特别是阴雨会使即将收割的作物倒伏、霉烂或发芽，造成严重损失，因此必须认真做好预防工作。

## 秋祭月

我国古代有“春祭日，秋祭月”的说法，秋分曾是传统的“祭月节”。但因秋分日每年日期不同，不一定会有圆月，因此将祭月由秋分改至中秋节。

### 秋风词（节选）

【汉】刘彻

秋风起兮白云飞，
草木黄落兮雁南归。
兰有秀兮菊有芳，
怀佳人兮不能忘。

## 吃秋菜

岭南地区，有“秋分吃秋菜”的习俗。秋菜即秋碧蒿，是一种细长嫩绿的野苋菜，含有丰富的胡萝卜素、维生素C等。秋分这天将采回的秋菜做成“秋汤”，与家人一起分享，寄托了人们祈求家宅安宁、身体健康的愿望。

## 物候

秋分后的 15 天分为三候：

一候雷始收声，二候蛰虫坯户，三候水始涸。

### 雷始收声

古人认为阳气盛才会出现雷声，秋分后阴气旺盛，所以不再打雷。雷声消失是秋寒的开始，也是万物衰败的征兆。气象学研究表明，秋季空气寒冷干燥，太阳辐射较弱，空气不易形成剧烈对流，因而很少发生雷阵雨。

### 蛰虫坯户

坯，也写作培，用土建造的意思；坯户，即用土将洞穴封住。秋分后，天气变冷，蛰居的昆虫开始藏入洞穴中，并用土将洞口封住防止寒气侵入。

### 水始涸

秋分后降水量开始减少，同时由于天气干燥，水汽蒸发较快，因此湖泊河流水量变少，沼泽和水洼处于干涸状态。

二十四节气

# 寒露

寒露是二十四节气中的第十七个节气，在每年阳历的10月7、8或9日。寒露时节，气温比白露时更低，地面的露水几乎凝结成霜。我国北方已呈现深秋景象，秋高气爽、红叶翩翩；南方也秋意渐浓，百花凋零、残荷映日。寒露时节，随着气温不断降低、空气干燥，流感病毒的传播会增强，需注意预防流行感冒。

寒露时节，北方忙于收割玉米，种植冬小麦，南方则处于晚稻抽穗灌浆期，应注意及时灌溉。此时节，天气凉爽、光照充足，有利于秋季蔬菜生长，主要农业活动为加强田间管理、大棚的更新和维修、病虫害的防治。

## 登高

寒露与重阳节时间相近，气候十分适合登山，重阳节登高的习俗逐渐变成了寒露的习俗。华山、秦岭、翠华山、终南山、香山等都是登高的好去处。寒露过后的连续降温催红了枫叶，适合此时观赏红叶的多为北方地区。

### 池上（节选）

【唐】白居易

袅袅凉风动，
凄凄寒露零。
兰衰花始白，
荷破叶犹青。

## 饮食

寒露时节，应多食用糯米、蜂蜜、乳制品等柔润食物，同时食用鸡、鸭、牛肉、鱼、虾、山药等来增强体质。寒露时正逢菊花盛开。为了祛除秋燥，民间有饮“菊花酒”的习俗。菊花酒由菊花加糯米、酒曲酿制而成，味道清凉甜美，有养肝、明目等功效。

## 物候

寒露后的 15 天分为三候：

一候鸿雁来宾，二候雀入水为蛤（gé），三候菊有黄华。

### 鸿雁来宾

大雁是候鸟，往来守时，有如宾客，故也称宾鸿。大雁在每年寒露时节大量从繁殖地迁往越冬地，常常排成“一”字形或“人”字形的队列大举南迁。

### 雀入水为蛤

雀指麻雀类的小鸟，蛤是对可食用的双壳贝类的统称。寒露之后，雀鸟都不见了，海边出现很多蛤蜊，贝壳的条纹和颜色与雀鸟很像，古人便以为蛤蜊是雀鸟变成的。其实是气温降低，雀鸟隐藏起来了。

### 菊有黄华

华即花，菊花是经长期人工选择培育出的名贵观赏花卉，中国十大名花之一。寒露时节，菊花大多都已开放，因此民间有赏菊和饮菊花酒的习俗。在古神话传说中菊花还被赋予了吉祥、长寿的含义。

二十四节气

# 霜降

霜降是二十四节气中的第十八个节气，在每年阳历的10月23或24日，是秋季最后一个节气，预示着冬天即将来临。霜降表示天气逐渐变冷，初霜出现。秋季出现的第一次霜叫作“早霜”或“初霜”，也叫“菊花霜”；春季出现的最后一次霜叫作“晚霜”或“终霜”，从终霜到初霜的这段时间，称为无霜期。秋季夜晚地面散热较多，温度骤然下降到0℃以下，空气中的水汽在地面或植物上凝结成细小的冰晶，还有的形成六角形的白色霜花。

霜降时节，北方大部分地区的秋收已接近尾声；而南方则刚刚进入农忙季节，收割单季杂交稻、晚稻，播种早茬小麦，栽种早茬油菜。霜和冻虽然形影不离，但真正危害庄稼的是冻而不是霜，霜是天冷的表现，冻则是直接影响农作物的因素。此时我国大部分地区进入干季，要高度重视护林防火工作。

## 拔萝卜

“处暑高粱，白露谷，霜降到了拔萝卜”，霜降后早晚温差大，露出地面的萝卜如果不及时收获，会出现冻皮等问题，影响萝卜的收成。萝卜是一种营养价值较高的食物，被称为“土人参”，有增进食欲、止咳化痰、除燥生津的作用，正适合霜降时节食用。

### 山行

【唐】杜牧

远上寒山石径斜，
白云生处有人家。
停车坐爱枫林晚，
霜叶红于二月花。

## 吃牛肉

霜降这天不少地方都有吃牛肉的习俗，比如干炒牛河、牛肉炖萝卜、牛腩煲等补充能量的菜肴，可以强健身体。除牛肉外，羊肉与兔肉也适合在霜降时节食用。

## 物候

霜降后的 15 天分为三候：

一候豺（chái）乃祭兽，二候草木黄落，三候蛰虫咸俯。

### 豺乃祭兽

豺的体形与狗相似，但比狼要小，有短而圆的耳朵，四肢较短，尾巴与狐狸相似。背部有红棕色毛，毛尖黑色，腹部毛较浅。霜降时，豺开始大量捕猎，没有吃完的猎物就摆放在地面，从人类视角来看，就像在祭祀兽神。

### 草木黄落

霜降时节，秋天已经快要结束，花草树木的叶子因天气寒冷而变黄脱落。我国大部分树木为落叶树木，即秋天时叶子会变黄脱落；部分树木为常绿树木，即秋天时叶子仍保持绿色且不会变黄脱落。

### 蛰虫咸俯

蛰虫指藏在土中过冬的虫子，咸有“都”的意思，俯是潜伏、卧伏的意思。霜降之后，马上要进入冬季，需要冬眠的虫子都钻入洞穴之中，准备进行冬眠，度过寒冬。

二十四节气

# 立冬

立冬是二十四节气中的第十九个节气，在每年阳历的11月7日或8日，表示冬季自此开始。立冬以后，白昼时间持续缩短，正午太阳高度降低，气温骤降，昼夜温差继续增大。此时的北方，正是“水结冰，地始冻”的初冬时节，而南方在晴朗无风时，常会出现风和日丽、温暖舒适的“小阳春”天气。

立冬过后，中国大部分地区降水量显著减少，降水的形式出现多样化，有雨、雪、雨夹雪、冰雹等。此时华北地区往往出现初雪，如果受强冷空气影响，江南也会出现降雪，长江以北和华南地区的降水量少于江南地区，西南地区典型的连阴雨天气结束。

立冬时节，我国北方大地冰封，农作物进入越冬期；江淮地区农忙收获已接近尾声；江南地区则忙着抢种冬麦、移栽油菜。

## 吃饺子

“立冬不端饺子碗，冻掉耳朵没人管”，我国北方立冬的习俗是吃饺子。水饺外形酷似人的耳朵，人们认为立冬吃了它，冬天就不会冻耳朵。部分地区还有立冬吃南瓜饺子的风俗，南瓜又称倭瓜，是北方一种常见的蔬菜。

### 立冬

【唐】李白

冻笔新诗懒写，
寒炉美酒时温。
醉看墨花月白，
恍疑雪满前村。

## 迎冬

迎冬是古人在立冬这天迎接冬天的祭祀，从汉代起就有这项习俗。立冬与立春、立夏、立秋合称四立，在我国古代都是重要的日子。在农耕社会，农民辛劳了一年，在立冬这天与家人团聚，共享美食。

## 物候

立冬后的 15 天分为三候：

一候水始冰，二候地始冻，三候雉（zhì）入大水为蜃（shèn）。

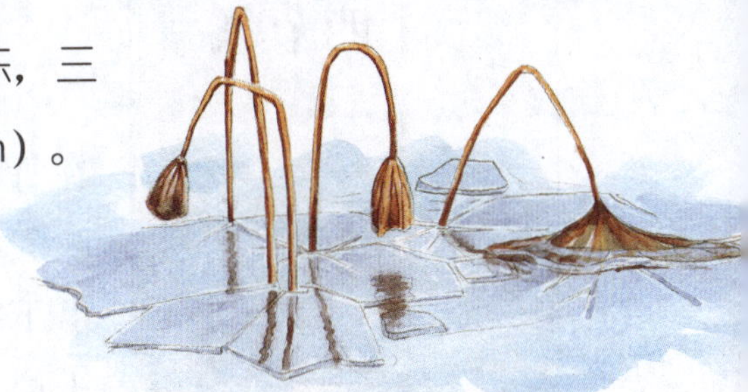

### 水始冰

冰，即结冰的意思。立冬时节，我国北方最低气温已降到0℃下，江河湖泊刚刚凝结成冰，但并未冻得特别坚硬，在水边活动时应注意安全。

### 蛰地始

立冬之后，随着气温降低，土地中残留的余热越来越少，夜晚气温处于0℃以下时，土壤中的水分开始轻微冻结，但冻层很浅。

### 雉入大水为蜃

雉通常指大鸟，俗称野鸡；蜃指大蛤，一种蚌类。立冬后，野鸡等大鸟已经不多见了，海边却能够看到外壳花纹与野鸡相似的大蛤，因此古人认为立冬之后雉变成了大蛤。

二十四节气

# 小雪

小雪是二十四节气中第的二十个节气，在每年阳历的11月22日或23日，是一个反映天气现象的节气。此时我国大部分地区气温下降到0℃以下，西北风取代东南风吹拂大地，虽有降雪，但雪量不大，故称小雪。我国北方地区初雪期基本与小雪节气一致，一般雪量较小，夜冻昼化，若冷空气较强且暖湿气流较活跃，则有可能出现大雪；南方地区的北部各地开始进入冬季，呈现出“荷尽已无擎雨盖，菊残犹有傲霜枝”的初冬景象。

小雪时节，虽然天气寒冷，冰封地冻，但不能放弃农业生产。北方地区果农在地面铺一层地膜或秸秆，防止果树根部冻伤，冬季蔬菜大多贮存在地窖中，以便食用。要做好鱼塘越冬的准备和管理，提高越冬成活率。提前为大型牲畜准备越冬饲料，保证牲畜的越冬存活量。同时利用冬闲时间进行农副业生产，因地制宜进行冬季积肥、造肥、柳编和草编等。

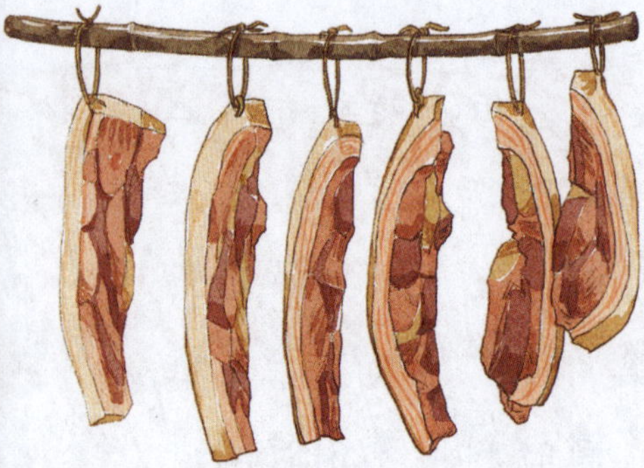

## 腌腊肉

腊肉是指将腌制后的肉经过烘烤而制成的加工品，保存时间长，且有独特香味。小雪之后，气温直线下降且很少反弹，空气干燥，正是加工腊肉的最佳时期，这时制作腊肉，可在春节期间作为年货食用。

### 问刘十九

【唐】白居易

绿蚁新醅酒，
红泥小火炉。
晚来天欲雪，
能饮一杯无？

## 吃糍粑

我国南方地区有小雪吃糍粑的习俗，相传糍粑是古代祭祀牛神的祭品。糍粑由糯米、小米、玉米等制成，首先将米蒸熟，再放入特制的石头凹槽中用木槌打制，通常要几个人合力打糍粑，做出的糍粑柔软细腻，味道极佳。

## 物候

小雪后的 15 天分为三候：

一候虹藏不见，二候天气上升，三候闭塞成冬。

### 虹藏不见

冬季降雨显著减少，大部分地区改为降雪，因此空气干燥，空气中水分子减少，不足以折射阳光形成彩虹。对应清明第三候虹始见，降雨增多会出现彩虹，降雨减少则少见彩虹。

### 天气上升

天气即阳气，古人认为小雪之后阴气下降、阳气上升，阴阳不能交融，万物失去生机。因此，大自然进入冬季后，红消翠减、万物凋零，一片肃杀之气。

### 闭塞成冬

小雪之后，水面结冰、路面覆雪、天气寒冷，给人们出行造成不便，因此会有天地闭塞的感觉。此时，人们家里有暖气、空调，外出穿着羽绒服，却也享受着冬天的乐趣。

二十四节气

# 大雪

大雪是二十四节气中的第二十一个节气，在每年阳历的12月6、7或8日，和小雪一样，也是反映天气现象的节气，但较小雪而言，气温更低，降雪量更大，范围更广。冬季的强冷空气能够形成较大范围的降雪。降雪有利于农业生产，但也会给人们的出行造成不便，甚至威胁到人们的生命安全，如航班延误、交通事故、暴雪封山等。大雪前后，我国大部分地区最低气温在0℃以下，北方平均气温在-5℃～-20℃，常有雾凇现象出现。

“瑞雪兆丰年”，冬季积雪覆盖农田，保持地面温度不至于过低，为过冬农作物提供了良好的越冬环境，同时减少了农田病虫害。积雪融化为农田增加水分，供春季农作物生长；雪中营养物质含量是普通雨水的 5 倍，能在一定程度上增加农田肥力。

## 赏雪滑冰

“小雪封地，大雪封河”，大雪时节，大地一片银装素裹，河面结起了厚厚的冰层，人们在冰面上尽情滑冰嬉戏，观赏雪景。小朋友们不妨在下雪的时候，和爸爸妈妈一起堆雪人、打雪仗，但要做好保暖措施，注意安全。

### 江雪

【唐】柳宗元

千山鸟飞绝，
万径人踪灭。
孤舟蓑笠翁，
独钓寒江雪。

## 饮食

大雪时节进补能够提高人体免疫功能，促进新陈代谢。山东有大雪喝红薯粥的习俗，红薯粥香甜可口、健脾养胃；冬季吃雪菜也是不错的选择，雪菜含有维生素C、胡萝卜素和大量膳食纤维，能够提神醒脑、帮助消化；风靡南京的萝卜圆子是一道特色小吃，沸水煮过的萝卜圆子中加入葱花，清香无比。

## 物候

大雪后的 15 天分为三候：

一候鹖（hé）旦不鸣，二候虎始交，三候荔挺出。

### 鹖旦不鸣

鹖旦是一种长有五色羽毛的雉鸡，生性好斗，经常在夜里鸣叫，冬季时羽毛脱落。大雪过后，鹖旦停止了鸣叫。

### 虎始交

老虎，大型猫科动物，毛色浅黄或棕黄色，有黑色横纹，四肢健壮有力，尾粗长，具黑色环纹，发情交配期一般在 11 月至翌年 2 月。古人认为大雪之后阴气由盛转衰，阳气开始萌动，老虎感受到阳气开始交配。

### 荔挺出

荔挺，一种兰草，形状像蒲草但是要小一些，花没有香味，根部捆扎成一束可做刷子。大雪之后，荔挺开始萌发，长出新芽。

二十四节气

# 冬至

冬至是二十四节气中的第二十二个节气，在每年阳历的12月21、22或23日。冬至又称亚岁、冬节，早在周代就利用土圭观测太阳测定了冬至日，并将这天定为新年的第一天，是二十四节气中最早出现的节气。到了汉代才将冬至和春节分开庆祝，因此专门庆祝冬至节是自汉代以后才有，盛于唐宋，延续至今。

冬至这天，太阳直射地面的位置到达一年中的最南端，几乎直射南回归线（冬至线）。对于北半球来说，这天是一年中白昼最短的一天，并且越向北白昼越短。在北极圈以内，太阳整天都在地平线以下，是北极极夜范围最广的一天。值得注意的是，冬至前后地球位于近日点附近，公转速度较快，造成一年中太阳直射南半球的时间比直射北半球的时间短 8 天左右，因此北半球的冬季比夏季要略微短一些。

## 九九消寒

从冬至开始，以九天为一个单位，连续九个九天，称为九九。民间有冬至画九九消寒图的习俗，通常是一幅描红书法，写着繁体的“亭前垂柳珍重待春風”九字，每个字九笔画，从冬至开始，每天填充一个笔画，填充的颜色根据当天天气决定，晴为红，阴为蓝，雨为绿，风为黄，落雪为白。还有图画版的九九消寒图，绘制九枝寒梅，每枝九朵，一朵对应一天，每天根据天气情况填充梅花。

### 邯郸冬至夜思家

【唐】白居易

邯郸驿里逢冬至，
抱膝灯前影伴身。
想得家中夜深坐，
还应说着远行人。

## 饮食

冬至饮食各地不一，北方吃饺子，南方则吃冬至圆和麻糍。冬至圆又称擂圆，取团团圆圆之意。与平时吃的汤圆相比，冬至圆除了经典的甜圆，还有咸圆，即在糯米团里包进猪肉、豆腐干、冬笋、香菇等馅料。

## 物候

冬至后的 15 天分为三候：

一候蚯蚓结，二候麋（mí）角解，三候水泉动。

### 蚯蚓结

蚯蚓俗称地龙，在夏至时钻出土壤。古人认为蚯蚓是阴曲阳伸的动物，冬至时阳气虽已增长，但阴气仍然十分强盛，土壤中的蚯蚓仍然蜷缩着身体。冬至虽然气温有所回暖，但总体还是寒冬，因此蚯蚓会继续在土壤中休眠。

### 麋角解

麋即麋鹿，又名“四不像”，因其头像马、角像鹿、脖子像骆驼、尾巴像驴，因此得名四不像。古人认为麋鹿的角朝后生，属性为阴，因冬至阳气开始增长，麋鹿感受阴气减退而解角。

### 水泉动

古人认为冬至以后阳气增多，因此山中的泉水开始流动并且温热。冬至后日照时间延长，山中泉水开始流动。

二十四节气

# 小寒

小寒是二十四节气中的第二十三个节气，在每年阳历的1月5、6或7日。俗话说“冷在三九”，三九大多在1月9日至17日之间，恰好在小寒时节，因此小寒是天气最冷的节气。小寒时节，北京平均气温 -5℃，最低温度在 -15℃以下；东北地区平均气温 -30℃左右，极端最低气温可达 -50℃；北方地区平均气温 -20℃；秦岭 - 淮河沿线平均气温 0℃左右；江南地区平均气温 5℃。

小寒时节，南方地区除给小麦、油菜等作物追肥，还要做好防寒防冻、积肥造肥等工作。寒潮来临时，可用秸秆、稻草覆盖农作物，起到防寒保暖作用。人们除注意防寒保暖外，饮食上也大多食用羊肉、板栗、红枣等温性食物。

## 腊八粥

腊八一般在小寒到大寒之间，腊八这天，我国各地都有喝腊八粥的习俗。腊八粥的食材有很多种，北方的腊八粥有黄米、小米、红米、白米、栗子、红豆、大枣等，外加瓜子、花生仁、桃仁、杏仁、松仁、葡萄干点缀；南方的腊八粥还会加入莲子和桂圆。

### 小寒

【唐】元稹

小寒连大吕，欢鹊垒新巢。
拾食寻河曲，衔紫绕树梢。
霜鹰近北首，雊雉隐丛茅。
莫怪严凝切，春冬正月交。

## 吃菜饭

小寒时节，南京通常会吃菜饭，矮脚黄青菜、咸肉片、香肠片、板鸭丁等，与生姜粒与糯米一起煮制，十分鲜香可口。

## 物候

小寒后的 15 天分为三候：

一候雁北乡，二候鹊始巢，三候雉始雊。

### 雁北乡

小寒时节，大雁向北飞回故乡。古人认为大雁是顺阴阳而迁徙，此时阳气已动，所以大雁开始向北迁徙。大雁每一次迁徙都要经过 1 ~ 2 个月的时间，到达北方时正值春天。

### 鹊始巢

鹊指喜鹊，一种益鸟，雌雄羽色相似，头、颈、背至尾部均为黑色，双翅黑色，翅上有白斑。此时北方到处可见喜鹊在高大的乔木上筑巢。

### 雉始雊

雉，指野鸡。野鸡在小寒结束时，感受到天气的变化，出现在野外并开始鸣叫。

# 大寒

大寒是二十四节气中的最后一个节气，在每年阳历的1月20或21日，大寒之后是立春，进入新一年的节气轮回。大寒时节，我国南方平均气温在6℃～8℃，寒潮南下频繁，这时的天气多风、低温、积雪不化，呈现出天寒地冻的严寒景象。大寒的降水在一年中是最少的，华南大部分地区为5～10毫米，西北高原山地一般只有1～5毫米。

大寒时节农业活动很少，北方地区农民大多忙于积肥堆肥，为第二年开春做准备，并加强对牲畜的防寒防冻工作；南方地区需加强小麦及其他农作物的田间管理，岭南地区农作物收割完毕后，会集中消灭田鼠。大寒时节，农业活动主要是预防水害和冻害，清除杂草，适当追肥，预防长期低温对蔬菜、麦类、茶树、果树等的伤害。

## 尾牙祭

尾牙祭源自拜土地公作“牙”的习俗。二月二为头牙，之后每个月的初二和十六都要作“牙”，到了农历十二月十六日正好是尾牙。尾牙祭的供品有牲礼（鸡、鱼、猪三牲）、四果（四种水果，包括柑橘和苹果等），还有卷有豆芽菜、红萝卜丝、笋丝、肉丝、香菜的春卷。

### 大寒（节选）

【宋】陆游

大寒雪未消，
闭户不能出。
可怜切云冠，
局此容膝室。

## 祭灶

农历十二月二十三日为祭灶节，民间又称“小年”。传说灶神是玉皇大帝派到每个家中监察人们平时善恶的神，祭灶时，会在灶神神像前摆放糖果、清水、料豆、秣（mò）草，还要把糖涂在灶神的嘴上，请他在玉帝面前讲甜话、好话。

## 物候

大寒后的 15 天分为三候：

一候鸡乳，二候征鸟厉疾，三候水泽腹坚。

### 鸡乳

鸡是家禽的一种，家鸡由野生的原鸡驯化而来，已有 4000 多年的历史，鸡的种类有火鸡、乌鸡、野鸡等。大寒时节，母鸡开始孵化小鸡。

### 征鸟厉疾

征鸟指鹰隼（sǔn）等猛禽。厉疾，迅速而猛烈。大寒之后，鹰隼正处于捕食能力极强的状态，在空中盘旋寻找猎物，抓紧补充能量，抵御严寒的冬季。

### 水泽腹坚

水泽，指江河湖泊等水域。腹，即中部、中央。坚，即坚硬、坚固。大寒之后，天气依旧寒冷，太阳照射的能量不足以融化坚冰，水域中央已经结冰，而且很坚固，小朋友们可以在河面上滑冰玩耍，但也要注意安全。

# 二十四节气时间表

二十四节气

立春 2月3、4或5日

雨水 2月18、19或20日

惊蛰 3月5、6或7日

春分 3月20或21日

清明 4月4、5或6日

谷雨 4月19、20或21日

**立夏** 5月5、6或7日

**小满** 5月20、21或22日

**芒种** 6月5、6或7日

**夏至** 6月21或22日

**小暑** 7月6、7或8日

**大暑** 7月22、23或24日

立秋 8月7、8或9日

处暑 8月22、23或24日

白露 9月7、8或9日

秋分 9月22、23或24日

寒露 10月7、8或9日

霜降 10月23或24日

立冬
11月7日或8日

小雪
11月22日或23日

大雪
12月6、7或8日

冬至
12月21、22或23日

小寒
1月5、6或7日

大寒
1月20或21日

中华文化探索之旅
启迪 文化传承
启智润心 传承千年文化
乐享 国学剧场
生动放映 娓娓道来
筑造 传统美德
先贤智慧 照亮成长之路
制胜 国学殿试
思辨真理 挑战国学智慧
扫码开启

从古至今看中国

# 古代建筑

万建中◎主编

吉林科学技术出版社

图书在版编目（CIP）数据

古代建筑 / 万建中主编. -- 长春 : 吉林科学技术出版社, 2025. 3. -- (从古至今看中国). -- ISBN 978-7-5744-1859-2

Ⅰ. TU-092.2

中国国家版本馆CIP数据核字第2024U2V367号

**从古至今看中国　古代建筑**

CONG GU ZHI JIN KAN ZHONGGUO GUDAI JIANZHU

# 目 录

古代建筑

# 长城

长城又称万里长城，是我国古代著名的军事防御建筑。长城由坚固连续的城墙、城堡、烽火台等部分组成，分布在我国的北方地区，能够有效地观察和限制敌人的行动。

长城最早从西周开始修建，在春秋战国时期初具规模，但修筑长度都比较短。秦始皇统一全国后，将六国长城连接起来，后期逐年修建，才有了如今的万里长城。

**塞上行**

【唐】周朴

秦筑长城在，
连云碛气侵。
风吹边草急，
角绝塞鸿沈。

## 名称历史

历史上，长城有过很多名字，如长堑（qiàn）、塞、边墙、长城障塞等。这些名称或是使用一段时期，或是在某个地区使用，唯有长城之称一直延续到今天，是通用的名称。这个名称反映了它在中国文化和历史中的特殊地位。长城是中国历史上的伟大工程，不仅在防御上发挥了重要作用，还承载着丰富的文化和历史内涵。如今，长城不仅是中国的国际象征，还是世界文化遗产的一部分，吸引着全世界游客前来探访和感受其悠久的历史。

## 建筑构成

长城由城墙、城堡、烽火台、关城等组成，其中城堡包括卫所、营城或堡城，用于屯兵；烽火台位于长城沿线，使用烽火传递消息；关城建于有利于防守的位置，可以以少量兵力抵御敌人入侵。

## 八达岭长城

八达岭长城位于北京市军都山关沟古道北口，最早建于战国时期，在明代时重新修建。八达岭长城位于居庸关前，以其险要的地势著称，是明代重要的军事关卡。

## 山海关长城

山海关长城位于河北省秦皇岛市，始建于明代，包括老龙头、角山长城、三道关长城等。山海关是长城的入海处，集山、海、关、城等防御系统于一体，有“天下第一关”的美称。

## 烽火戏诸侯

西周时期周幽王为搏宠妃褒姒（bāo sì）一笑，将烽火台点燃，伪装成有敌人入侵，将诸侯召唤到都城。诸侯发现被骗，此后见到烽火，也不再来。后来犬戎攻破都城，却无人来救，最终周幽王死于战乱。

古代建筑

# 故宫

北京故宫旧时称紫禁城，位于北京市中轴线的中心，明清两代皇家居住于此。北京故宫占地 72 万平方米，现存古建筑 980 余座，建筑面积约 16 万平方米。北京故宫规模宏大，保存完整，在古代建筑中实属罕见。

北京故宫始建于明成祖朱棣永乐四年（1406年），仿照明代南京皇宫，根据“前朝后市，左祖右社”的原则，耗时14年建成。北京故宫平面呈长方形，四周建有10米高的红色城墙，宫外有护城河环绕。

**御花园花朝**

【清】爱新觉罗·弘历

（乾隆皇帝）

堆秀山前景物芳，
更逢晴日霭烟光。
负冰锦鬣游文沼，
试暖文禽绕鱼塘。
綵燕缤纷先社日，
青幡摇曳引韶阳。
莫嫌花事迟追赏，
通闰应知春倍长。

## 名称历史

故宫即旧时的宫殿，用来代指明清两代的宫廷建筑。北京原是燕王朱棣的封地，他称帝后，建造北京故宫，并将北京设为首都。故宫庄严壮丽，不仅是中国历史上的政治权力中心，也承载了数百年的历史和传统。保存了大量珍贵的文物、书籍和艺术品，代表了中国文化的高峰成就。每一座宫殿、每一片园林、每一件宝物，都记录着历史和文化的点滴。

## 建筑构成

北京故宫共有外朝和内廷两部分，外朝以太和殿、中和殿、保和殿为中心，合称三大殿，是皇帝行使权力或举行盛典的宫殿；内廷以乾清宫、交泰殿、坤宁宫为中心，是皇帝和皇后的住所，两侧为东西六宫。

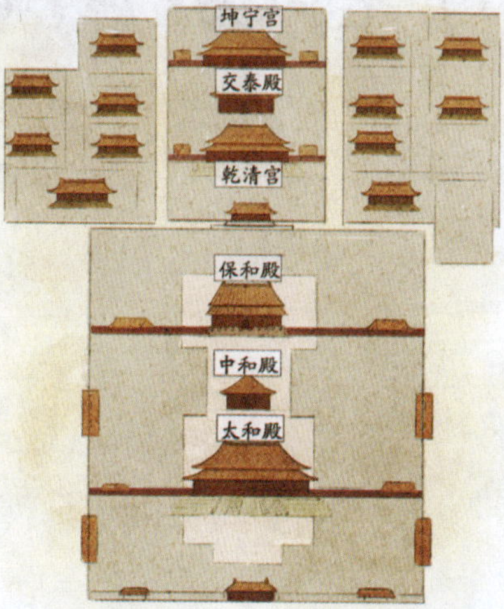


## 故宫四门

故宫的南门为午门，东门为东华门，西门为西华门，北门为神武门。故宫城墙的四角上都设有角楼，利用十字形屋脊，巧妙地将角楼与城墙融为一体。

## 龙形兽首

北京故宫三大殿的三层台基上，雕刻着数量众多的汉白玉龙形兽首。每逢大雨，龙形兽首的排水口便可将台基上的雨水排出，实用的同时兼具装饰效果。

## 屋脊兽

北京故宫太和殿的屋脊上有一排造型各异的屋脊兽，由外侧开始，分别是龙、凤、狮子、天马、海马、狻猊（suān ní）、押鱼、獬豸（xiè zhì）、斗牛、行什。根据宫殿等级的不同，故宫内宫殿上屋脊兽的数量也不同。

# 颐和园

颐和园是中国清代皇家园林，坐落于北京海淀区，占地约 290 万平方米。颐和园是一座保存最为完整的皇家园林，被誉为“皇家园林博物馆”，与苏州拙政园、留园，承德避暑山庄并称中国四大名园。

颐和园改建于清代乾隆年间，是以杭州西湖为参照，依据江南园林设计建造的大型山水园林。园中山水环绕、古木成荫，既有藏式寺庙，也有苏州买卖街，将各地特色汇于一处。

**颐和园词（节选）**

【清】王国维

新锡山名呼万寿，
旧疏河水号昆明。
昆明万寿佳山水，
中间宫殿排云起。

## 名称历史

颐和园原名清漪园，由四座大型皇家园林改建而成。咸丰十年（1860 年），清漪园被当时的英法联军所毁，光绪十二年（1886 年）重建，光绪十四年（1888 年）改名为颐和园。其后经历战火，经过不断地修缮和重建，颐和园最终恢复了昔日的宏伟与壮丽，成为我们今天熟知的风景胜地。这座园林不仅展示了中国园林艺术的高度成就，还承载着厚重的历史文化，吸引着游客和学者前来品味其丰富的历史、美学和文化内涵。

## 建筑构成

颐和园主要由万寿山和昆明湖组成。登上万寿山顶，园内景致尽收眼底。昆明湖西部仿照西湖苏堤，将湖面一分为二，泛舟湖上，别有一番景致。

## 长廊

长廊位于万寿山南侧，全长 728 米，是世界上最长的长廊。长廊的梁柱上绘有彩绘，共有 14000 余幅，包括山水风景、花鸟鱼虫、古典名著、人物故事等。

## 清晏舫

清晏舫又称石舫，位于长廊西侧，是一艘用大理石雕刻而成的大石船，寓意“河清海晏”。石舫上建有两层船楼，窗户镶嵌彩色玻璃，颇具西洋特色。

## 十七孔桥

十七孔桥位于昆明湖上，用于连接昆明湖东堤和南湖岛。石桥全长 150 米，共 17 个桥洞。石桥栏杆上雕刻有形态各异的石狮，仔细观察石狮子，竟然没有两只是完全相同的。

古代建筑

# 苏州园林

苏州园林又称苏州古典园林，是世界文化遗产，中国十大风景名胜之一。苏州素称园林之城，因地处水乡，盛产堆砌假山的太湖石，且民风崇尚艺术，为苏州园林的诞生创造了得天独厚的条件。

苏州园林始建于春秋时期，现在保存完好的有60多处，其中包括沧浪亭、狮子林、拙政园、留园等。苏州园林将写意山水运用于园林建筑中，使园林中蕴含了丰富的中国传统文化内涵。

## 沧浪亭（节选）

【宋】欧阳修

子美寄我沧浪吟，
邀我共作沧浪篇。
沧浪有景不可到，
使我东望心悠然。
荒湾野水气象古，
高林翠阜相回环。
新篁抽笋添夏影，
老蘖乱发争春妍。

## 园林发展

自春秋时期起，苏州园林不断发展，最终在明清时期达到巅峰。明清时期，苏州作为中国最繁华的地区之一，园林艺术趋于成熟，鼎盛时期园林多达几百处。明清时期的苏州园林之所以如此繁荣，一方面源于社会经济的发展，使得富有的商贾和官员有更多资源投入园林建设。另一方面，苏州作为文化中心，吸引了许多文人墨客前来聚集，他们对园林的热爱和参与促进了园林艺术的不断创新和升华。苏州园林的建筑和景观精致丰富，如小桥、曲径、亭台、花草、池塘等元素，都为游客和居住者提供了绝佳的观赏和休闲场所。

## 建筑结构

苏州园林讲究山水配合、花木映衬、亭台布局及景色层次，往往能在有限空间中，利用视觉效果打造出幽深的景致。园林中的书画、牌匾、碑石等也能够与景色相呼应，带有丝丝禅意。

## 狮子林

狮子林位于苏州市园林路，始建于元代，是元代园林建筑的代表之作。园内保存有大面积的湖石假山，形态各异、曲折蜿蜒、宛如迷宫，与园内水榭亭台相映成趣。

## 拙政园

拙政园作为江南园林的代表，是苏州面积最大的园林庭院。拙政园始建于唐代，后由明代画家文徵明参与设计改建，再到清代几经重建。整个园林仿佛浮于水面，与花木相映，四季景色各不相同。

## 留园

留园始建于明代，位于苏州市阊门外。园内以水池为中心，山水环绕，又有长廊连通各处。园内设有多种门窗，能够将园内景致一览无遗，大大拓宽视野。

留园与苏州拙政园、北京颐和园、承德避暑山庄并称中国四大名园。

古代建筑

# 布达拉宫

布达拉宫位于西藏自治区拉萨市，依托山势而建，其中建有宫殿、城堡和寺院。被誉为“世界屋脊上的明珠”。布达拉宫是世界上海拔最高的建筑。

布达拉宫始建于唐代，是吐蕃赞普松赞干布为迎娶文成公主而兴建。清代修缮后，成为历代达赖喇嘛（lǎ ma）的居所。布达拉宫由横贯两翼的白宫和居中的红宫组成。

## 仓央嘉措诗集（节选）

【清】仓央嘉措

白宫红殿湛蓝天，
盖世高原气万千。
竺法渐传三界远，
盛音近绕佛堂前。

## 地理环境

布达拉宫位于海拔约 3700 米的玛布日山上，由山脚延伸至山顶。山前部分称为“雪城”，分布着法院、印经院等机构；山后部分称为“林卡”，是以龙王潭为中心的园林建筑，是布达拉宫的后花园。布达拉宫特有的美丽和宁静使其成为一处独特的旅游胜地，游客可以在这里欣赏自然风光，参加宗教活动，或仅仅沐浴在宁静的氛围中。

## 建筑构成

布达拉宫占地面积 13 万平方米，使用土、石、木三种材料建成。宫殿顶部设有采光口，便于采光，还有调节空气的作用。整个宫殿在颜色、装饰、外形上，充分体现了藏族独特的建筑风格。

## 白宫建筑

白宫因外墙为白色而得名。白宫外部的上山蹬道两侧，分布着广场和僧官学校。白宫下方与喇嘛居所相连，因其外墙也是白色，故被归为白宫的一部分。

## 红宫建筑

红宫主楼高 117 米，位于布达拉宫中央，因外墙为红色而得名。红宫中建有历代达赖喇嘛的灵塔殿，周围有经堂、佛殿。

## 文成公主

唐代文成公主嫁入西藏时，带去了有关医药、生产技术的书籍，还带去了谷物、蔬菜种子和精美的手工艺品，提高了吐蕃人民的生活质量，为此文成公主受到吐蕃人民的欢迎和爱戴。

古代建筑

# 滕王阁

滕王阁位于江西省南昌市，临江而建，享有“西江第一楼”的美誉。滕王阁主阁高 57.5 米，下部为 12 米高的台座，它与湖北黄鹤楼、湖南岳阳楼并称“江南三大名楼”。

滕王阁

滕王阁自唐代建成后，因战乱、大火等原因，共重建29次。最后一次重建由建筑大师梁思成设计，于1989年建成，也就是我们今天看到的滕王阁。

## 滕王阁序（节选）

【唐】王勃

云销雨霁，
彩彻区明。
落霞与孤鹜齐飞，
秋水共长天一色。
渔舟唱晚，
响穷彭蠡之滨；
雁阵惊寒，
声断衡阳之浦。

## 名称历史

滕王阁最初由唐太祖李渊的儿子李元婴所建。李元婴被封为滕王，他在封地山东滕州修建了一座建筑称为滕王阁。后来滕王李元婴调任南昌，因思念故地，重新修建了一座滕王阁。历史上滕王阁数次毁于战火，又数次重建。今天，滕王阁作为一座著名的古建筑和旅游胜地，吸引着许多游客前来品味其独特的历史和文化价值。

## 建筑构成

滕王阁由主阁、南园、北园、东园和阁前广场组成。其中，主阁建筑最为宏大，两侧分别有南长廊和北长廊。主阁的台座下有两个相通的人工湖，其上架有九曲桥。

## 《滕王阁序》

《滕王阁序》由初唐四杰之一的王勃写于公元 675 年，文章对仗工整、用词华丽、多用典故，写出了滕王阁的美景，其中“落霞与孤鹜齐飞，秋水共长天一色”等名句更是流传千古。

## 三座滕王阁

除了山东滕州滕王阁和江西南昌滕王阁，滕王李元婴还在四川阆中的玉台山腰修建了一座滕王阁。杜甫的《滕王亭子》诗中曾提到过阆中滕王阁。

## 《落霞孤鹜图》

《落霞孤鹜图》是明代著名画家唐伯虎的作品，是一幅笔触飘逸、意境优美的山水画作。画中描绘了高山峻岭中，一人坐于阁中，观看落霞孤鹜的场景，画面沉静，蕴含人文气息。

古代建筑

# 黄鹤楼

黄鹤楼位于湖北省武汉市，建于蛇山之上，长江之滨，享有天下绝景的美誉。黄鹤楼高 51.4 米，建筑面积 3219 平方米。自古享有“天下江山第一楼”和“天下绝景”之称。

黄鹤楼

黄鹤楼始建于三国时期，距今已有千余年历史，曾因战乱、大火等原因多次重建。最后一次重建以清代同治年间黄鹤楼为蓝本，在距旧址 1000 多米的蛇山上建成。

**黄鹤楼送孟浩然之广陵**

【唐】李白

故人西辞黄鹤楼，
烟花三月下扬州。
孤帆远影碧空尽，
唯见长江天际流。

## 名称历史

黄鹤楼得名有两种说法，一说是曾有道士于此处画有会跳舞的黄鹤，这只黄鹤的灵动和优雅赋予了楼阁名字。这个说法强调了自然与人文的融合，将楼名与一幅令人陶醉的画作联系在一起。另一说是黄鹤楼建于黄鹄山上，鹄与鹤发音相似，互为通用，故称黄鹤楼。这个说法强调了地理环境和音韵的联系，为楼名的形成提供了另一种有趣的解释。

## 建筑构成

黄鹤楼共有飞檐5层，覆盖金色琉璃瓦，其上为攒尖塔顶。楼内各层有文物展、壁画、楹联等，楼外有黄鹤铜像、亭阁、牌坊、胜像宝塔等，与黄鹤楼相互辉映，更显其雄浑壮阔。

## 《黄鹤楼》

《黄鹤楼》是唐代诗人崔颢写作的一首七言绝句，此诗对仗工整，由典故引出黄鹤楼的美景，抒发乡愁。其中“晴川历历汉阳树，芳草萋萋鹦鹉洲”更是流传千古的名句。

## 辛氏酒楼

从前，辛氏酒楼来了位衣衫褴褛的客人，辛氏没有怠慢他，而是连续半年请他喝酒。客人没钱付账，于是在墙上画了一只黄鹤，此鹤能随着歌声跳舞，为辛氏酒楼赚了很多钱。辛氏为了纪念这位客人，便在黄鹄矶上修建了一座楼阁。起初称为“辛氏楼”，后改称为“黄鹤楼”。

## 胜像宝塔

胜像宝塔又称白塔或元代白塔，修建于元代，原建于黄鹄矶头，后迁移到黄鹤楼景区内。胜像宝塔是黄鹤楼原有建筑中，历史悠久、保存完整的建筑。

古代建筑

# 岳阳楼

岳阳楼位于湖南省岳阳市，坐落在洞庭湖边，向前可以望见君山。岳阳楼通高 19.72 米，进深 14.5 米，宽 17.4 米，为三层纯木制建筑。

岳阳楼自三国时代建成后，因战乱、大火、蚁害等原因受到损坏，曾经维修多次。1983 年国务院拨专款对岳阳楼进行维修。按原件复制了大部分构件，保存了一半以上的构件原物。

## 登岳阳楼

【唐】杜甫

昔闻洞庭水，
今上岳阳楼。
吴楚东南坼，
乾坤日夜浮。
亲朋无一字，
老病有孤舟。
戎马关山北，
凭轩涕泗流。

## 名称历史

岳阳楼最初由三国时代东吴名将鲁肃修建，取名阅军楼，后在晋代改称巴陵城楼。到了唐代，巴陵城改名为岳阳城，巴陵城楼也随之改称岳阳楼。这座历史悠久的楼阁见证了千年来的沧桑变迁，成为湖南文化的重要象征。岳阳楼不仅以其独特的建筑风格闻名，还因《岳阳楼记》这篇千古名篇而被后人传颂不衰。直到今天还吸引着许多游客前来观赏其壮观的景色和感受历史的厚重。

## 建筑构成

岳阳楼造型古朴雅致，为三层全木制建筑，未用一钉一铆，只靠木制构件相连。岳阳楼的楼顶为盔顶式结构，这种类似古代将军头盔的结构是岳阳楼最突出的特点。

## 仙梅亭

仙梅亭建于明代，位于岳阳楼南侧，与北侧三醉亭呼应。仙梅亭高 7 米，共有两层，同样为纯木质结构。明代重建岳阳楼时，同建此亭，并命名为仙梅堂。清代重建时，改名为仙梅亭。

## 三醉亭

三醉亭建于清代，位于岳阳楼北侧，与南侧的仙梅亭相呼应，其名字取自吕洞宾三醉岳阳楼的传说。三醉亭高9米，共有两层，与岳阳楼一样都是纯木质结构。

## 《岳阳楼记》

《岳阳楼记》是宋代文学家范仲淹应好友之邀而写，通过描写岳阳楼的景色，进而抒发作者的爱国情怀，其中“不以物喜，不以己悲”“先天下之忧而忧，后天下之乐而乐”更是成为千古名句。

古代建筑

# 赵州桥

赵州桥又名安济桥，位于河北省赵县城南，桥体全部由石头建成，在当地又被称为大石桥。赵州桥全长64.4米，宽9.6米，拱圈矢高7.2米，是现存最早、保存最完整的单孔敞肩型石拱桥。

赵州桥建于隋代，距今已有1400多年历史，经历风吹雨打、洪水冲击、多次地震，依然伫立于世。赵州桥经历近百次修葺（qì），仍保存了隋代、宋代、明代、清代的栏板及构件。

### 安济桥

【宋】杜德源

驾石飞梁尽一虹，
苍龙惊蛰背磨空。
坦途箭直千人过，
驿使驰驱万国通。
云吐月轮高拱北，
雨添春色去朝东。
休夸世俗遗仙迹，
自古神丁役此工。

## 名称由来

赵州桥由隋代工匠李春设计建造，横跨河北省赵县洨河两岸。后来由宋代哲宗赐名安济桥，取“安渡济民”之意。赵州桥不仅是一座连接两岸的重要交通枢纽，还是中国古代桥梁工程的杰出代表之一。

## 建筑结构

赵州桥桥面平坦，中间可走车马、两侧走行人。赵州桥弧形的桥洞小于半圆形，大拱两侧各有两个小拱，既减轻了桥身重量、节省石料，又能够增加河水的泄洪量。

## 独特设计

李春是隋代著名造桥工匠，闻名遐迩的赵州桥便是他伟大的杰作。李春将圆弧形单孔、敞肩等技术运用在赵州桥的建设中，这是中国桥梁史上的空前创举。赵州桥的石料为就地取材，整座桥由 28 道各自独立的拱券组成，石料之间装有用于连接的“腰铁”。

古代建筑

# 雷峰塔

雷峰塔又名皇妃塔、西关砖塔，位于浙江省杭州市西湖风景区雷峰之上。雷峰塔由台基、塔身、塔刹三部分组成，塔高 71.6 米，占地 0.08 平方千米。登上雷峰塔顶，西湖美景尽收眼底。

雷峰塔建于北宋，是吴越国王钱俶为祈求太平盛世而建。雷峰塔经历数次重建，旧塔于 1924 年倒塌，如今我们所见的是在旧塔塔基之上修建的新塔。

## 雷峰塔（节选）

【明】张岱

闻子状雷峰，
老僧挂偏裰。
日日看西湖，
一生看不足。
时有薰风至，
西湖是酒床。
醉翁潦倒立，
一口吸西江。

## 名称历史

据说雷峰塔建成时，吴越国王钱俶为庆祝皇妃得子，便将此塔命名为皇妃塔。后来，人们习惯以地名称塔名，而这座塔建在雷峰之上，雷峰塔之名便逐渐传开了。雷峰塔是杭州的象征和重要地标之一，千百年来吸引了无数游客前来参观和欣赏。这座塔不仅仅是一座历史文化遗产，还是中国传统文化中的一颗璀璨明珠，承载着古老传说和历史的魅力。

## 建筑构成

雷峰塔外观为五层楼阁式建筑，共有八面，二至五层设有观景台。各层覆盖筒瓦，飞檐下挂有铜风铃，保留了宋代特有的风格。进入塔内底层，可以看到古塔遗址。

## 雷峰夕照

雷峰夕照是西湖十景之一，包括西湖南岸夕照山一带。夕阳西下，晚霞给山峰和雷峰塔镀上一层金色，景色十分美丽。黄昏时观看山峰古塔的剪影，别有一番意趣。

## 雷锋旧塔

雷峰塔最初设计为十三层，后改为七层，最后竣工时为五层，内层为石塔，外建木制塔楼。后因传说塔砖有祛病健身的功能，底层塔砖被抢一空，雷峰旧塔终在 1924 年倒塌。

## 白蛇传说

《白蛇传》是中国四大民间爱情故事之一，讲述了千年蛇妖白素贞化作人形与许仙相恋，后因救许仙而水漫金山，被法海镇压在雷峰塔下的故事。

古代建筑

# 秦始皇陵

秦始皇陵位于陕西省西安市，地处骊山北麓、渭水南邻，是中国历史上第一位皇帝秦始皇嬴政的陵寝。秦始皇陵修建于秦王政元年（公元前246年），耗时39年才最终完成。

秦始皇陵依据秦国都城咸阳城而建，周围还分布着大量墓葬和陪葬坑，现已探明的有400余座，其中就包括被誉为“世界第八大奇迹”的兵马俑坑。

**依韵和唐彦猷华亭十咏·秦始皇驰道**

【清】梅尧臣

秦帝观沧海，
劳人何得修。
石桥虹霓断，
驰道鹿麋游。
车辙久已没，
马迹亦无留。
骊山宝衣尽，
万古空冢丘。

## 名称历史

早在秦王嬴政刚刚继承王位之时，便开始为自己修建陵寝。后来，秦国先后灭掉六国，建立统一的大秦帝国。嬴政认为自己功盖三皇五帝，将封号定为“皇帝”，即秦始皇，这也宣告了中国历史上首位皇帝的诞生。秦始皇许多举措不仅在政治制度上产生深远的影响，还为中国封建帝制的漫长历史奠定了基础。而他的陵寝也被称为秦始皇陵。

## 建筑构成

秦始皇陵并未被挖掘。根据历史记载和仪器探测，它以封土和地宫为中心，有内外两层城垣及城门。地宫用来放置棺椁和随葬器物，是秦始皇陵的核心部分。

## 兵马俑

兵马俑又称秦俑或秦兵马俑，出土于秦始皇陵以东的兵马俑坑内，使用陶泥烧制雕刻而成，是秦始皇的殉葬品。兵马俑出土时均为彩色，但出土后被氧化，几乎全部变为灰白色。

## 石甲胄

石甲胄出土于秦始皇陵封土东南方向的陪葬坑内，使用质地细密的石灰石磨制成甲片，上部钻孔，再用青铜丝穿联而成。石甲胄制作精细、类型丰富，展示出秦代高超的手工艺制作水平和军备情况。

## 铜车马

秦始皇陵封土西侧出土的两架铜车马，通体彩绘，全部由青铜铸造。一号铜车马总重 1061 千克，配件 3064 个，是正常车马的一半大小。二号铜车马总重 1241 千克，配件 3462 个。铜车马被誉为世界“青铜之冠”。

古代建筑

# 四合院

四合院又名四合房，顾名思义四合院是在院落四周修建房屋，将庭院围在中间的一种建筑形式。呈“口”字形的四合院称为一进院落，“日”字形为两进院落，“目”字形为三进院落等。

四合院最早出现在西周时期，距今已有 3000 多年历史，其中以北京四合院最为经典。陕西岐山凤雏村周原遗址出土的两进院落建筑遗迹，是中国已知最早、最严整的四合院实例。

**四合院**

【现代】戚秦

清风杨柳芊，
院庭四合间。
房脊琉璃苫，
天井座中间。
民风格律远，
还古续今观。
屋里清香漫，
茶盏对八仙。

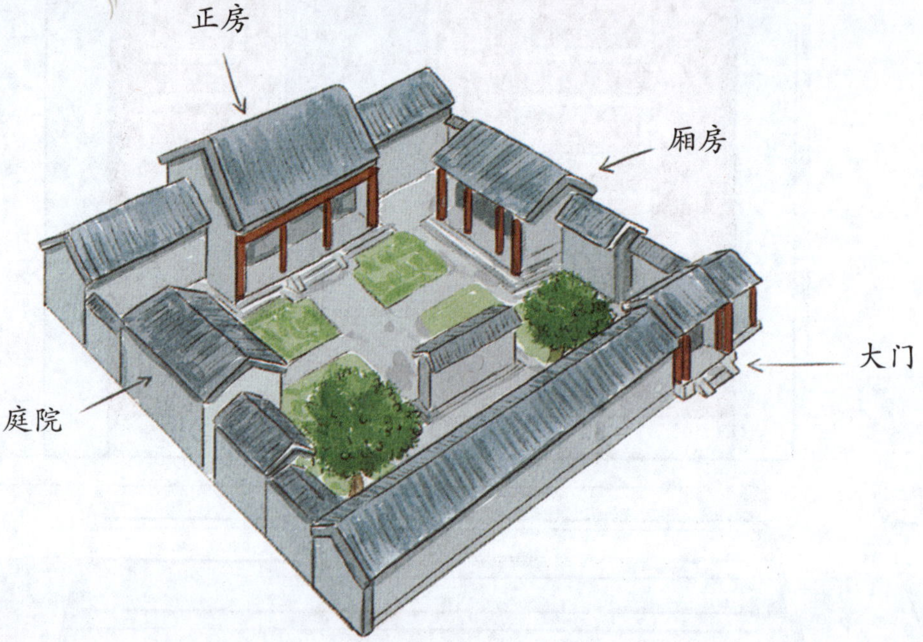

## 建筑历史

四合院中的四指四面均有建筑，合即是将院落围起来，因此得名四合院。自周代出现四合院雏形，直到元代开始大量在现在北京所在地修建四合院，经过明、清两代的完善，逐渐形成现代风格。

## 建筑构成

四合院由大门、正房、厢房、庭院等组成，其中大门临街，进门后北面的房子为正房，东西两侧为厢房。而两进以上的大院落还建有影壁、垂花门、游廊、耳房、花园、假山等等。

## 庭院

四合院的庭院中一般栽种枣树、石榴树、柿子树，或是牡丹、芍药、海棠、丁香等花卉。夏天时还可以在庭院中搭建凉棚，用来遮阴避暑。部分庭院中还会放置养着荷花和观赏鱼的大鱼缸。

## 影壁

影壁也称照壁、萧墙，一般镶嵌在东厢房的山墙上，或是采用独立影壁，主要用于遮挡视线。影壁墙顶与屋顶相似，中心多有装饰，底座为须弥座或是普通底座，通常装饰有象征吉祥的花纹。

# 古典乐器

从古至今看中国

万建中◎主编

扫码获得

文化传承
国学剧场
传统美德
国学殿试

吉林科学技术出版社

图书在版编目（CIP）数据

古典乐器 / 万建中主编. -- 长春 : 吉林科学技术出版社, 2025. 3. --（从古至今看中国）. -- ISBN 978-7-5744-1859-2

Ⅰ. J632-49

中国国家版本馆CIP数据核字第2024NE1169号

**从古至今看中国　古典乐器**

CONG GU ZHI JIN KAN ZHONGGUO GUDIAN YUEQI

# 目 录

古典乐器

# 琵琶

琵琶是我国传统弹拨乐器之一，由木制半梨形或圆形音箱和四根弦组成。演奏时竖抱于演奏者怀中，左手按弦，右手拨弦。琵琶常见于独奏、伴奏、重奏、合奏等，在民乐演奏中占据重要地位。

琵琶最早出现于秦代，唐朝以前它是多种弹拨乐器的总称。后来与波斯传入中国的西域琵琶融合，逐渐由横抱演奏变为竖抱演奏，使用拨片演奏变为手指弹奏，并发展出多达五六十种演奏技法。

**琵琶行（节选）**

【唐】白居易

大弦嘈嘈如急雨，
小弦切切如私语。
嘈嘈切切错杂弹，
大珠小珠落玉盘。

## 乐器结构

琵琶是一种古老的乐器由弦槽、弦轴、山口、相位、琴弦、品位、面板、背板、琴枕、覆手等组成，每一部分都在发挥琵琶的独特作用。其中琴头在琴体的顶部，起装饰作用；弦轴用于调音；相与品是音位装置，琴弦系在覆手上；面板与背板组成发声的音箱。这个音箱的设计和材质对琵琶的音质有着重要的影响。

## 名称由来

琵琶演奏主要有两种手势，向前弹出称“批”，向后挑起称“把”，因此最初琵琶称为“批把”。后来为了与琴瑟等乐器统一书写形式，便改称琵琶。

## 五弦琵琶

五弦琵琶与四弦琵琶相比，多出一根弦和绕弦的弦轴，弦轴分列两侧，左三右二。五弦琵琶流行于隋唐，到了宋代逐渐失传。近代曾制出增加低音弦的五弦琵琶，扩展了琵琶的低音区，使其音色更加丰富。

## 反弹琵琶

我国敦煌莫高窟壁画中多有横抱琵琶的形象，凡是绘制音乐场景，必有琵琶出现。壁画中还绘有反弹琵琶的优美舞姿，不知是真的以舞者为模特绘制，还是出自画工们非凡的想象力。

## 《十面埋伏》

《十面埋伏》是一首流传甚广的琵琶曲，是中国十大古曲之一。乐曲描写楚汉战争在垓下决战的场景，展现了两军对战、项羽战败、自刎乌江等战争场面，时而气势磅礴，时而婉转哀切。

古典乐器

# 古筝

古筝又称秦筝、瑶筝，是我国传统弹拨乐器之一，距今已有两千多年历史。演奏时，将古筝横放在筝架上，左手按弦，右手拨弦。古筝音域宽广，音色清丽，常见于独奏、伴奏、重奏、合奏等。

古筝外形近似长方形，琴身轻微凸起，汉代以前装有十二弦，后逐渐增至十三弦、十六弦、十八弦，现代则多为二十一弦。随着演奏手法逐渐丰富，古筝的音乐表现力愈加出色。

**箜篌引（节选）**

【魏】曹植

秦筝何慷慨，

齐瑟和且柔。

阳阿奏奇舞，

京洛出名讴。

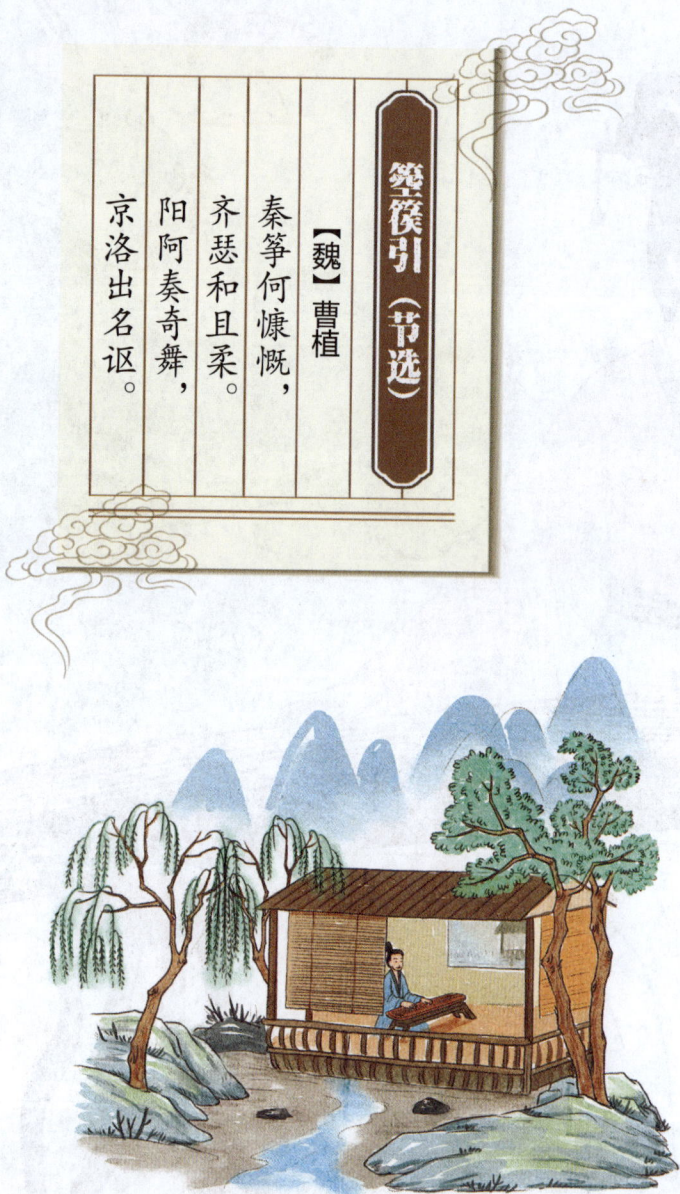

## 乐器结构

古筝是一个精致的乐器，主要由筝首、筝尾、面板、筝码、琴弦、前岳山、弦钉、调音盒、琴足、后岳山、侧板、背板、出音口、底板、穿弦孔组成。筝头和筝尾不仅有装饰作用，还能在琴弦的张力调整中发挥重要作用；筝码用来调节音调，保证音乐的准确性，面板、背板和侧板组成古筝的音箱。

## 名称由来

古代有一种乐器叫瑟，有五十根弦。传说黄帝命素女弹奏瑟，因其音色太过悲凉，便将瑟从中间破开，变为二十五弦。后来秦代有兄弟二人争夺一把瑟，又一分为二，筝的名字由此而来。

## 《寒鸦戏水》

《寒鸦戏水》是著名的潮州筝曲，全曲以独特的旋律、别致的韵味，表现出寒鸦在水中悠然自得、追逐嬉戏的情景。筝曲音色清越，音韵悠长，旋律由慢到快，别有一番韵味。

## 画中古筝

在敦煌莫高窟壁画中，筝多是放置在腿上弹奏，并没有设置筝架。与现代筝相比，壁画中的筝体积较小，厚度较薄。

## 《渔舟唱晚》

《渔舟唱晚》是一首极具古典风格的河南筝曲，在中国乃至世界流传甚广，是 20 世纪 30 年代以来，在中国流传最广、影响最大的一首筝独奏曲。乐曲描绘了夕阳余晖下，水面波光粼粼，渔人满载而归、悠然自得的优美场景。

古典乐器

# 古琴

古琴又称瑶琴、玉琴、丝桐，是中国传统拨弦乐器之一。演奏时，将琴放置在琴桌上，左手按弦，右手拨弦。古琴在摆放时，宽头朝右，最细弦朝向自己，右侧琴额部分悬空在琴桌外。古琴音域宽广，音色低沉，常见于独奏、合奏等。

古琴最初有五弦，内合五行，外合五音。后来周文王思念其子伯邑考，加一根文弦；周武王伐纣，加一根武弦，是为七弦琴。古琴常见的造型有伏羲式、神农式、仲尼式、师旷式等，主要根据琴体的颈、腰部分形制不同来区分。

### 月夜听卢子顺弹琴

【唐】李白

闲坐夜明月，
幽人弹素琴。
忽闻悲风调，
宛若寒松吟。
白雪乱纤手，
绿水清虚心。
钟期久已没，
世上无知音。

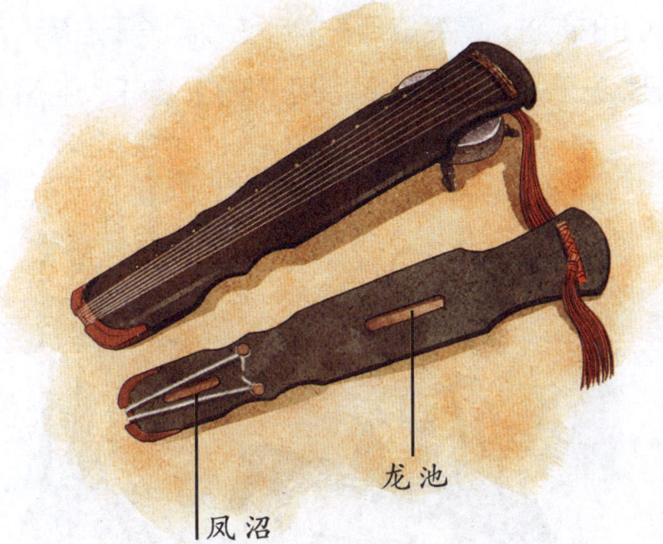


## 乐器结构

古琴是中国传统的弹拨乐器，分为头、颈、肩、腰、尾、足。琴头上部为额，镶有用来承弦的岳山，其下有七个用来调弦的琴轸；琴尾镶有用来承弦的龙龈，龙龈两侧的装饰称为冠角，不仅有装饰作用还会影响琴的音质；琴背有龙池、凤沼两个音槽，有助于声音的共鸣和传播。这些部分的巧妙组合和精心设计，使古琴成为一件独特的乐器。。

## 名称由来

传说古琴最早由伏羲制作，后经神农、五帝、周文王、周武王的改进，演变成现在的七弦琴。关于古琴，最早的文字记载见于《诗经》，古琴除用于祭祀、典乐，还盛行于民间。

## 九霄环佩琴

九霄环佩琴，伏羲式唐代古琴，以梧桐为面，杉木作底，通体紫漆，现收藏于北京故宫博物院。琴背龙池上方刻有篆书“九霄环佩”和“夏氏泰符子孙永宝”，池下有篆书“清秋”印等。

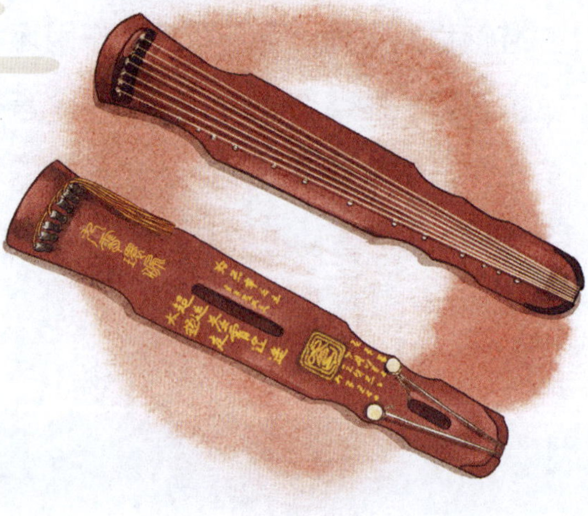

## 太古遗音琴

太古遗音琴，师旷式唐代古琴，桐木所制，朱红色漆，现收藏于中央音乐学院。琴背龙池上方刻有行书“太古遗音”，池下有篆书“清和”印。

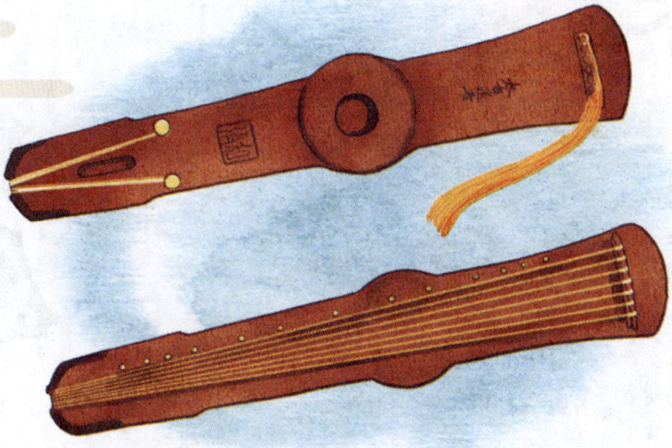

## 《高山流水》

《高山流水》是中国十大古曲之一，现分为高山和流水两部分。传说琴师伯牙在山中弹琴，樵夫钟子期听出弹奏的是巍巍高山和浩浩江河，伯牙感叹子期是自己的知音。钟子期死后，伯牙再无知音，于是摔琴绝弦，终生不弹。

古典乐器

# 扬琴

扬琴又称洋琴、打琴、扇面琴等，是我国民族乐队中必不可少的击弦乐器。演奏时，将扬琴放在琴架上，双手各执一只琴竹，分别敲击琴码两侧的琴弦。扬琴音域宽广，音色独特，中音区柔和，高音区明亮，常见于独奏、伴奏、合奏等。

扬琴外形近似梯形，中部轻微凸起。扬琴最初由波斯传入中国时，使用的击弦工具是木制的琴槌，后来经过融合演变，改为使用具有弹性的竹制琴竹。

**百戏竹枝词·弹词**

【清】李声振

四宜轩子半吴音，
茗战何妨听夜深。
近日『平潮』弦索冷，
丝铜争唱打洋琴。

## 乐器结构

扬琴由共鸣箱、琴弦、琴码、山口、弦轴、琴台、琴竹等组成。共鸣箱由琴头、侧板和底板组成，这些部件协同工作，产生出优美的音乐共鸣。其中，音梁在共鸣箱内部起到分隔和引导声音的作用，有助于形成清晰的音色和音质。左右两侧琴台雕刻铭文图案，不仅起到美化修饰作用，还体现了扬琴的文化价值和历史传承。

## 名称由来

扬琴在明代由波斯传入我国，最初称为洋琴，流行于广东一带，后逐渐传播到全国各地。传播过程中与地方戏曲融合，经过民间艺人的改造，变成如今的扬琴。

## 《林冲夜奔》

《林冲夜奔》选自古典名著《水浒传》，生动地描绘了林冲蒙冤、愤懑不甘、战胜艰险、雪夜奔梁山的故事。乐曲节奏时而缓慢、时而急促，充分表现出人物的心情变化。

## 《苏武牧羊》

乐曲取材于《苏武牧羊》的故事，由民间艺人根据同名学堂乐歌改编。苏武出使匈奴被扣押，被放逐到冰天雪地中牧羊，历尽艰辛，不辱使命，抗争十九年后终得回国。此曲节奏快慢结合，运用扬琴特有技法，增加了乐曲的韵味。

## 《弹词三六》

《弹词三六》原名《梅花三弄》，与琴曲《梅花三弄》同名异曲，原为评弹形式，后改编为扬琴独奏曲。乐曲旋律轻快、流畅欢快。

# 二胡

二胡即二弦胡琴，又称南胡，是中国传统拉弦乐器之一。演奏时采用坐姿，将二胡的琴筒放在腿上，左手持琴按弦，右手握弓，在两弦间拉奏。二胡音色明亮柔和，既可表现乐曲的气势磅礴，也可表现深沉凄凉，常见于独奏、合奏等。

二胡在唐代由北方传入中原。现代以来，二胡演奏家将西方乐器的演奏手法和技巧融入二胡演奏中，从而扩大了二胡的音域，丰富了二胡的艺术表现力。

## 白雪歌送武判官归京

【唐】岑参

瀚海阑干百丈冰，
愁云惨淡万里凝。
中军置酒饮归客，
胡琴琵琶与羌笛。

## 乐器结构

二胡是一种弓弦乐器，由琴筒、琴皮、琴杆、琴轴、琴弦、琴托、千金和控制垫等组成。琴皮和琴弦是二胡重要的发音体，琴筒能够扩大和渲染琴弦振动。琴弓由弓杆和弓毛构成，用来摩擦琴弦发音。演奏者通过不同的弓法和力度，可以创造出多样的音乐效果和表现方式。

## 名称由来

二胡最早发源于古代北方少数民族，称为奚琴，使用竹片弹奏。唐代时称为胡琴，并开始流传。明代以后，胡琴逐渐参与到民间戏曲和乐器合奏中。到了现代，胡琴经过改良，更名为二胡。

## 画中二胡

西藏萨迦寺壁画中曾出现二胡前身——胡琴的形象，其形制与二胡基本相似，只在琴弓和演奏方式上略有不同。

## 《赛马》

二胡曲《赛马》以群马嘶鸣开场，描绘了蒙古族生动热烈的赛马盛况，深受人们喜爱。乐曲气势磅礴、旋律奔放。演奏家运用拨弦、颤音等演奏技巧，形象地展现了生动的赛马场面。

## 《二泉映月》

《二泉映月》是中国民间音乐家华彦钧（阿炳）的代表作，展现了一位饱尝世间辛酸的盲眼艺人的思绪情感。乐曲以独特的演奏技巧和风格，展示了中国二胡的独特魅力。

古典乐器

# 唢呐

喷呐又称喇叭、鼓吹、嘀嗒，是我国传统的吹管乐器之一。演奏时，通过吹奏气息控制音量、音色，双手分别按压管身孔洞控制音高。唢呐音色明亮、刚中有柔，音量较大，常见于独奏、伴奏等。

囍

喷呐根据音高分为高音、中音和低音，根据大小又分为小唢呐、中唢呐、大唢呐等。唢呐以其丰富的表现力，广泛使用于民间的婚、丧、礼、乐等仪式中。

**朝天子·咏喇叭**

【明】王磐

喇叭，唢呐，
曲儿小腔儿大。
官船来往乱如麻，
全仗你抬声价。

## 乐器结构

唢呐是中国传统的管乐器，其结构简单而富有独特的声音特点，由哨、芯子、气牌、杆和碗五部分组成。木制的杆呈锥形，上开八孔，细的一端装有芯子和气牌，另一端装有铜质碗状扩音器作为一种充满传统文化和音乐表现力的乐器，演奏者通过控制气流和手法，创造出多样的音乐效果，使其在各种音乐表演和庆典活动中扮演重要的角色。

## 名称由来

唢呐在晋代由波斯传入中国，后逐渐传播到中原地区，称为唢呐、锁呐、苏尔奈等。明代后期，唢呐已在戏曲伴奏中占有重要地位。到了近现代，随着演奏技巧的丰富，唢呐逐渐成为独奏乐器。

## 《全家福》

《全家福》是一首唢呐独奏曲，颇具河南地方戏曲特色。乐曲古朴、有力，节奏时而平缓，时而跳脱，配合唢呐特有的音色和演奏技巧，表达了欢快、喜悦的情绪。

## 《百鸟朝凤》

《百鸟朝凤》是一首著名唢呐独奏曲，乐曲运用特殊循环换气法的长音演奏技巧，以热烈欢快的旋律表现了大自然中生机勃勃的景象。

## 《黄土情》

《黄土情》是一首现代唢呐独奏曲，深受唢呐爱好者的喜爱。乐曲用唢呐特有的表现技法和悠扬的旋律，抒发了人们对黄土高原的无限热爱。

古典乐器

# 笛

笛又称笛子、竹笛，是我国最古老、最具代表性的吹管乐器之一。演奏时，采用立式或坐式，双手持笛，持笛方向以向右持笛为宜。笛子音色清脆嘹亮，常见于独奏、伴奏、重奏、合奏等。

笛子外形呈细长圆柱形，其上分布笛孔，多以竹子制作，一般分为曲笛、梆笛和中音笛。笛子华丽的音色常出现在中国民乐、戏曲和现代音乐中。

**春夜洛城闻笛**

【唐】李白

谁家玉笛暗飞声，
散入春风满洛城。
此夜曲中闻折柳，
何人不起故园情。

## 乐器结构

笛子是古老的吹奏乐器也是中国传统音乐中常用的横吹木管乐器之一。它由笛身、笛塞、吹孔、膜孔、笛膜、音孔等组成。气流由吹孔进入，使笛膜和竹簧振动发声。笛膜一般用芦苇膜做成，起到变化音色的作用。按压不同音孔可以发出高低不同的音。它简单而精致的构造使其可以用于各种音乐风格和演出场合。

## 名称由来

笛最初指竖吹笛，汉代时从西域传入横吹笛，到了唐代，竖吹笛改称为箫，横吹笛则称为笛。元代后，笛子逐渐与地方曲艺融合，发展出曲笛和梆笛等不同形式。

## 骨笛

骨笛又称鹰笛或鹰骨笛，使用鹫鹰翅骨制成，常见于藏族牧区，是一种独奏乐器。河南新石器遗址中出土的骨笛，是迄今发现的最古老的乐器。

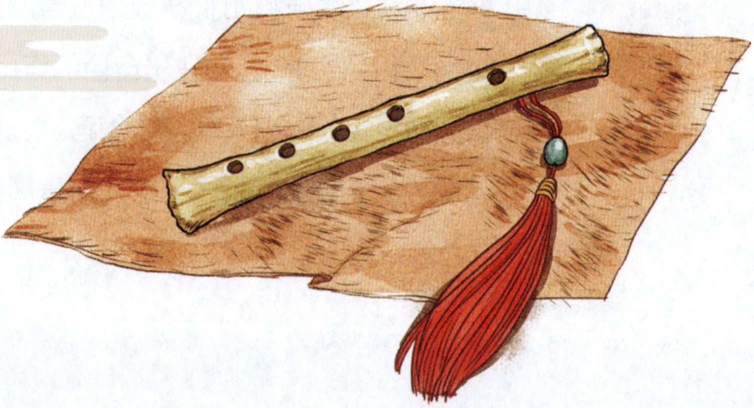

## 《姑苏行》

《姑苏行》描绘了苏州小桥流水、园林亭台的秀丽景色，和游人在美景中嬉戏、流连忘返的情景。乐曲典雅悠远，具有昆曲韵味，完美地发挥出曲笛柔美圆润的特征。

## 《紫竹调》

《紫竹调》改编自江南传统民歌，带有浓郁的地方特色。乐曲旋律柔美悠扬，笛子的演奏技巧赋予其特殊的感染力，极具江南乡土气息。

# 箫

箫是我国最古老的吹管乐器之一，与笛子同源。演奏时，采用立式或坐式，双手持箫，保持身体放松。箫音色柔美，常见于独奏和重奏。

箫外形呈圆柱形，与笛相比更为细长，以竹子制作，分为洞箫和琴箫。箫的演奏技巧朴实直白，适于吹奏柔和的乐曲，与其他乐器合奏，更易表达深远的意境。

**青玉案·元夕（节选）**

【宋】辛弃疾

东风夜放花千树。
更吹落、星如雨。
宝马雕车香满路。
凤箫声动，
玉壶光转，
一夜鱼龙舞。

## 乐器结构

以八孔箫为例，它由吹口、指孔、出音孔、助音孔、铜插口等组成。箫管中部正面六个音孔，侧面和背面各一个音孔，下部背面有两个出音孔和两个助音孔。箫管连接处的铜插口可用来调节音调高低。

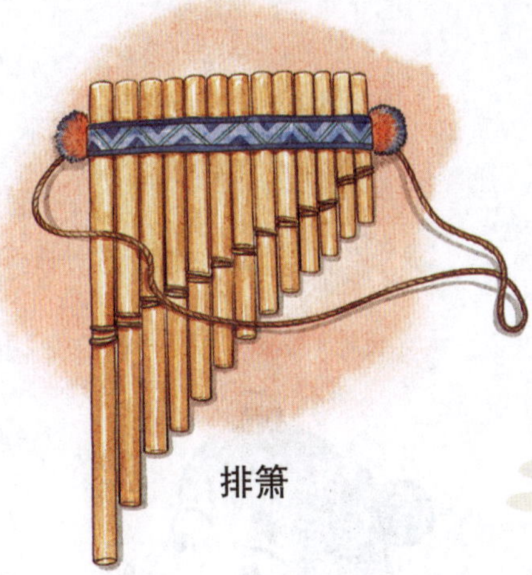

排箫

## 名称由来

箫与笛同样起源于骨笛，唐代以前用来指多管的箫，即排箫。宋代以后才逐渐把排箫、洞箫、横笛区分开来。现代所说的箫即指单管箫。

## 《清明上河图》

箫独奏曲《清明上河图》是根据宋朝画家张择端的同名传世画作写意而来，乐曲通过快慢有序的节奏，描绘出清明时节的美景和人们往来忙碌的景象。

古典乐器

# 笙

笙是中国传统吹管乐器之一，也是世界上最早使用自由簧的乐器。演奏时，采用立式或坐式，双手持笙，保持身体放松。笙音色清越、柔和，音量较大，常见于独奏、伴奏、合奏等。

笙外形类似起舞的凤凰，有不同长度、错落分布的笙管。先秦时期笙管有 12～18 根，后逐渐增加到 17～19 根。笙是吹管乐器中唯一能够吹奏和声的乐器，合奏时可以调和乐队音色、丰富乐队音响。

**诗经·小雅·鹿鸣（节选）**

【先秦】佚名

呦呦鹿鸣，食野之苹。
我有嘉宾，鼓瑟吹笙。
吹笙鼓簧，承筐是将。
人之好我，示我周行。

## 乐器结构

笙由笙簧、笙苗和笙斗组成，其中笙苗指长短不一的笙管，笙斗是连接吹口的底座。每根笙管上端有长方形音窗，下端有指孔，并镶嵌银丝标识音高。笙以其悠扬的音色和富有表现力的演奏方式在中国音乐中有着悠久的历史和文化价值。演奏者需要通过精湛的技巧和深刻的理解，来掌握笙的演奏，创造出美妙的音乐

## 名称由来

早在春秋战国时期，笙已经非常流行。隋唐时期，笙经由丝绸之路传播到西凉、龟兹等国，在当地音乐中均有使用。其后，笙由西域传至欧洲，对西洋乐器的发展起到推动作用。

## 曾侯乙笙

曾侯乙笙出土自湖北曾侯乙墓，是目前所知最早的实物笙，共出土六件，分别为十二管、十四管、十八管三种。笙体由黑色彩绘装饰，外形与现代葫芦笙相似。

## 《凤凰展翅》

《凤凰展翅》是一首笙独奏曲，运用笙的演奏技巧，描绘了百鸟之王凤凰的优美姿态，表现出人们对美好生活的向往。

## 《文成公主》

《文成公主》是一首笙协奏曲，将笙特有的和音特色表现得淋漓尽致。乐曲生动地描绘了文成公主从大唐到吐蕃和亲的情景，赞美了文成公主为民族融合做出的贡献。

# 埙

埙又称陶埙，是我国传统开口吹奏乐器之一，它的早期雏形是狩猎用的“石流星”。带有空腔的石头在投掷时会发出哨声，先民们受到启发制作出埙。演奏时，双手持埙进行吹奏。埙的音色哀婉绵长，常见于独奏、合奏等。

埙的外形有圆形、椭圆形、梨形等，最初有一个孔，后发展出六孔、八孔、九孔、十孔等。埙曾在清代失传，后经现代复原，再次演奏出天籁之音。

## 和三兄除夜（节选）

【宋】晏殊

星汉回曾宇，埙篪集上都。

夜寒凝爆燎，春气入屠苏。

## 乐器结构

以十孔埙为例，十孔埙是一种相当古老的乐器，它的音色清澈而迷人，整个十孔埙呈现一个空心球体的形状，这个球体是整个乐器的主体。它由吹孔和发音孔组成。埙上端为吹孔，下端呈平面，演奏者通过用手指封住或释放这些孔洞来改变音高和音调。气流由吹孔进入，产生振动发声。

## 名称由来

埙最早出现在原始社会，大多由石头、骨头或陶制成。发展到春秋时期，埙已经有六孔并能吹奏完整的音阶。秦汉以后，埙一直用于演奏宫廷音乐。从原始社会到现代，它的名字一直是埙。

## 半坡陶埙

半坡遗址位于陕西省西安市，属于新石器时代，距今约6000年。其中出土了两只用细泥制作的陶埙，它们保存完整，表面光滑，呈灰黑色。

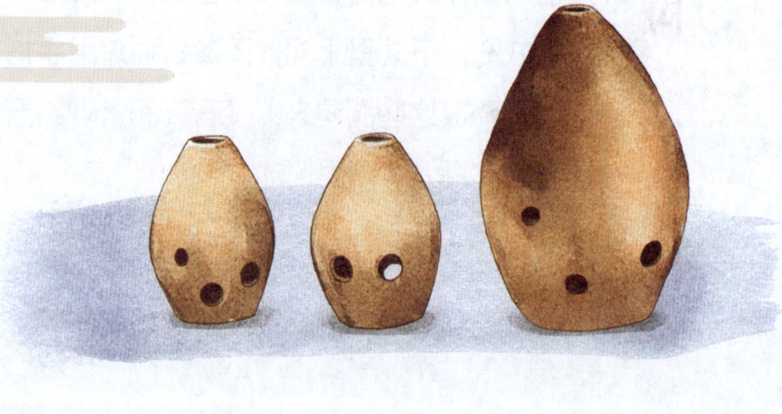

## 《楚歌》

《楚歌》是著名的埙独奏曲，是楚汉战争垓下决战中，张良用埙吹奏的楚地民歌。乐曲悲壮凄凉，勾起了楚军的思乡之情，从而使楚军心涣散，项羽败走乌江。

## 《妆台秋思》

《妆台秋思》改编自琵琶曲《塞上曲》，乐曲凄婉悲凉，描绘了王昭君初到塞外，望着窗外鸿雁，听着声声哀鸣，勾起了无限的思乡之情。

# 鼓

鼓是我国传统打击乐器之一，据《礼记》记载，早在三皇五帝时期就有陶鼓存在。演奏时，使用手或鼓槌敲击鼓面发声。鼓心和鼓边的音色各异，能够敲击出复杂的鼓点，常见于合奏、伴奏等。

节文化庙会

鼓的外形呈圆筒形，多为木制。在古代，鼓用于祭祀、乐舞、战斗、报时等；现代多用于民乐、戏曲、歌舞、集会等。鼓在现代音乐中占有重要地位，是主要的打击乐器。

### 长恨歌（节选）

【唐】白居易

渔阳鼙鼓动地来，
惊破霓裳羽衣曲。
九重城阙烟尘生，
千乘万骑西南行。

## 乐器结构

鼓是一种古老而广泛使用的打击乐器，尽管鼓的结构比较简单，但它在音乐演奏和文化表达中扮演着重要的角色。鼓的结构由鼓身和鼓皮组成。每个部分都对鼓的声音和演奏方式有着独特的影响。鼓身一般为木制，两面蒙以动物皮革制作的鼓皮，部分鼓带有一对木制鼓槌和木制鼓架。

## 名称由来

远古时期，鼓主要用于祭祀，周代以后，鼓开始用作乐器。中国的鼓源于中原，秦汉以前已有二十多种，直到现代，各种传统鼓几乎都保留下来并有所发展。

## 四大名鼓

中国四大名鼓包括常山战鼓、山西威风锣鼓、兰州太平鼓和开封盘鼓，全部出现在庆典活动之中。演奏时，鼓声激越雄壮、气势非凡，充满了喜庆的节日气氛。

古典乐器

# 编钟

编钟是我国传统大型打击乐器，起源于西周，兴盛于春秋战国时期，秦汉后逐渐失传。演奏时，使用木槌分别击打悬挂在钟架上的编钟。编钟音域宽广，低音浑厚、中音圆润、高音清脆，常见于独奏、合奏、伴奏等。

编钟外形呈扁圆钟形，最初多为三枚一套，后来个数不断增加。古代编钟多用于宫廷演奏、祭祀等，是上层社会专用的乐器，也是等级和权力的象征。

**用强甫蒙仲韵十首（节选）**

【宋】刘克庄

入耆英社老能几，
举力田科今不逢。
翠管檀槽方迭奏，
未应考击到编钟。

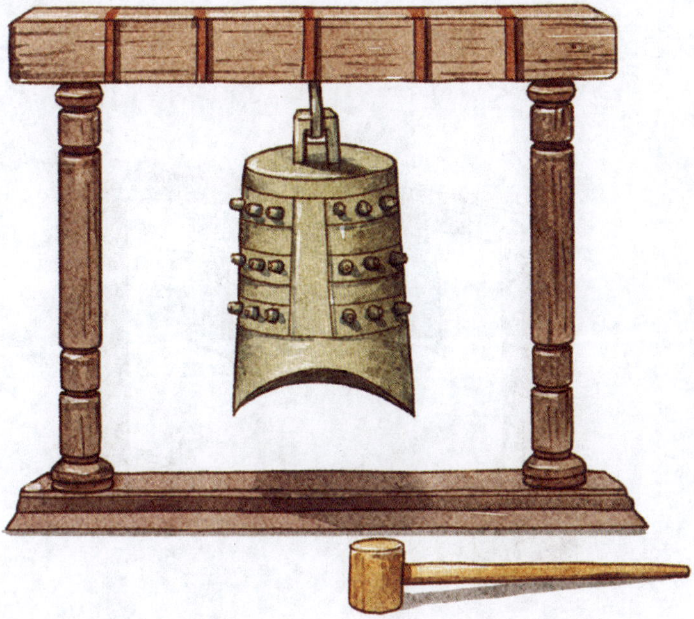

## 乐器结构

编钟由青铜钟、钟架、木槌、木棒组成，不同大小的钟按音高顺序挂在钟架上，编成一组或几组。按照乐谱使用木槌和木棒敲击，能够演奏出美妙的音乐。编钟常常用于音乐表演和庆典活动，它们不仅是音乐的工具，也是文化的象征，传递着和谐与和平的信息。其华丽的外观和悠扬的音乐使编钟成为一种令人着迷的古老乐器。

## 名称由来

编钟最早出现于商代，一般为三枚一组。春秋战国时期编钟数目逐渐增加至九枚一组、十三枚一组甚至更多。秦汉以后，编钟逐渐失传。

## 曾侯乙编钟

曾侯乙编钟出土自湖北曾侯乙墓，由铜、锡、铅合金制成，装饰有人、兽、龙等花纹，并刻有音调、乐理、记事等铭文。钟架分上、中、下三层，分别挂有八组编钟，共65件。演奏时需多人配合，敲击出单音或和声。

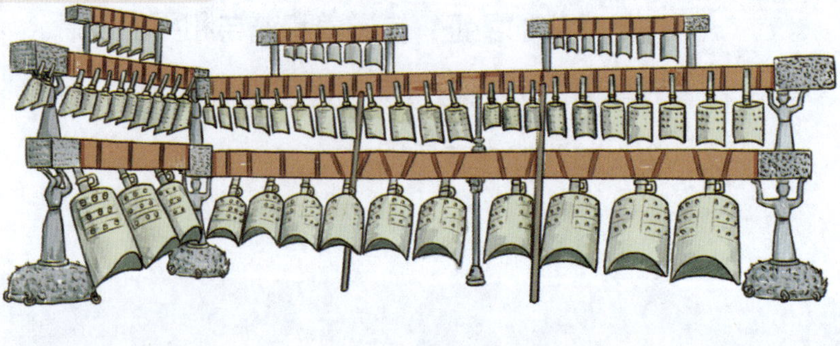

## 《楚殇》

《楚殇》改编自战国时期楚国诗人屈原的《九歌·国殇》，乐曲描绘了战争的激烈和楚国战士拼死抗敌的场面，节奏时而急促时而悲凉，赞颂了楚国将士为国捐躯、视死如归的情怀。

## 《屈原问渡》

《屈原问渡》取材于屈原被流放南荒期间，与渔夫探讨世间的清与浊后，投江自尽的故事。乐曲表现了屈原宁死也不愿与世俗同流合污的品格。

中华文化
探索之旅
启迪
文化传承
启智润心 传承千年文化
乐享
国学剧场
生动放映 娓娓道来
筑造
传统美德
先贤智慧 照亮成长之路
制胜
国学殿试
思辨真理 挑战国学智慧
扫码开启

从古至今看中国

# 十二生肖

万建中◎主编

扫码获得

文化传承

国学剧场

传统美德

国学殿试

吉林科学技术出版社

**图书在版编目（CIP）数据**

十二生肖 / 万建中主编. -- 长春 : 吉林科学技术出版社，2025. 3. --（从古至今看中国）. -- ISBN 978-7-5744-1859-2

Ⅰ. K892.21-49

中国国家版本馆CIP数据核字第2024EX1989号

**从古至今看中国　十二生肖**

CONG GU ZHI JIN KAN ZHONGGUO  SHIER SHENGXIAO

# 目录

十二生肖

# 鼠

传说在很久很久以前，天帝要选出十二种动物作为人的生肖，人间的动物都可以到天宫参加选拔。天帝承诺，选拔当天动物们到达天宫的顺序，便是生肖的排名顺序。

生肖选拔

鼠和猫是一对非常好的朋友，它们相约去天宫参加生肖选拔。到了约定这天，猫在睡懒觉，鼠没能叫醒猫，便自己去了天宫。涉过天河时，鼠机智地站在牛的头上而抢先到达天宫，成了生肖的首位，和随后到达的牛、虎、兔、龙、蛇、马、羊、猴、鸡、狗、猪，一起称为十二生肖。猫赶到天宫时，十二生肖已经排满，猫失去了入选生肖的机会。从此，猫和鼠成了仇敌，见到鼠就要上去扑咬。

## 寄奉新高令（节选）

【宋】陆游

小雨催寒著客袍，
草行露宿敢辞劳。
岁饥民食糟糠窄，
吏惰官仓鼠雀豪。

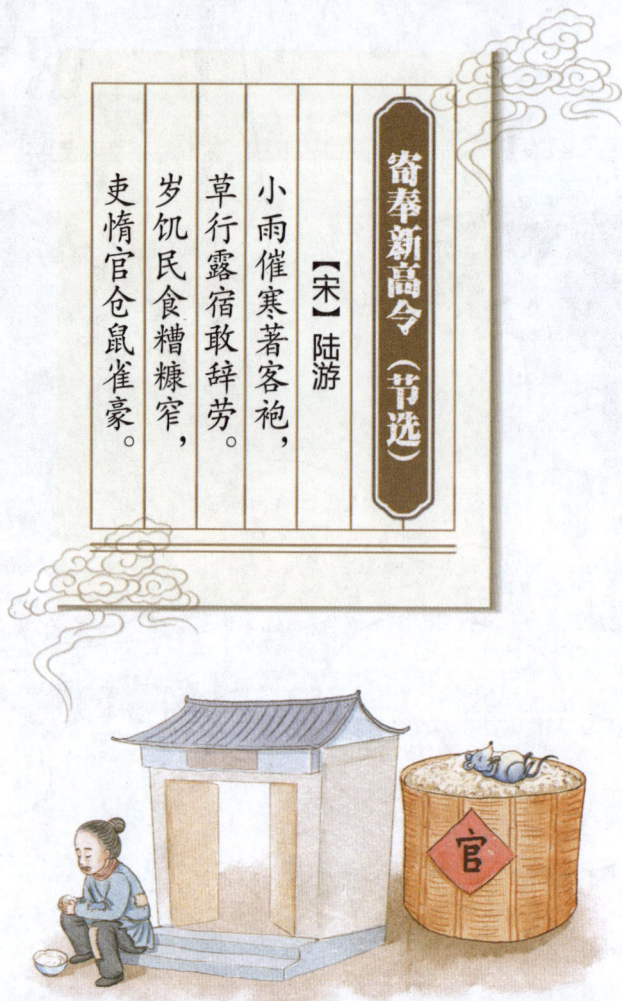

## 子鼠

生肖也称属相，通常与十二地支［子、丑、寅（yín）、卯（máo）、辰、巳、午、未、申、酉（yǒu）、戌、亥（hài）］相结合，用来表示每年的生肖，因此生肖鼠也被称为子鼠。

子时指的是夜里 11 时到 1 时的时间段，这段时间正是老鼠最为活跃的时候，因此古人将鼠与子时紧密联系在一起。这种将时间与动物相结合的方法为中国农历的生肖体系增添了有趣的文化元素，也反映了人们对时间和自然界的深入观察。

## 机敏通灵

古时，人们认为老鼠机敏通灵，能够预知吉凶祸福。其实老鼠对于将要发生的地震、水灾等做出一定反应是出于动物的本能，只是古人局限于自身知识，将这种现象和老鼠通灵联系在一起。

## 鼠咬天开

传说在天地初始，混沌未开之时，老鼠把天咬开了一个洞，太阳光芒透射而出，阴阳就此分开，老鼠因此成了开天辟地的大英雄。在古代，鼠图像象征对太阳的崇拜，对光明的追求。

汉代有位富人看到老鼠在自己喜爱的器物旁偷吃，就拿起石块向老鼠砸去，老鼠死了，器物也碎了，富人非常难过，他对自己的鲁莽行为深感后悔。投鼠忌器，指想用东西打老鼠，又害怕打坏旁边的器物，比喻做事有所顾忌，不敢放手去干。

## 鼠戏

古代的民间艺人背着装有老鼠的木箱，箱上搭有像戏楼一样的彩色木架，艺人们唱着小曲，一边敲锣打鼓，一边指挥老鼠演出。演出的“剧目”幽默诙谐（huī xié）、热闹非凡，深受人们喜爱。

十二生肖

# 牛

传说牛本来是在天界当差，天帝派牛去人间播撒草籽，将绿色铺满大地。结果牛不小心将草籽撒多了，田地里野草丛生，人们根本无法播种庄稼。天帝听说后，非常生气，惩罚牛只准吃草，祖祖辈辈都要帮助人们干活儿。

牛成了人类的好帮手，它任劳任怨、勤恳踏实，帮助人们拉车、耕地，做了许多工作，通过自己的努力变成了人们喜爱的动物。天宫选生肖时，人们一致推举牛作为生肖。

## 禾熟

【宋】孔平仲

百里西风禾黍香，
鸣泉落实谷登场。
老牛粗了耕耘债，
啮草坡头卧夕阳。

# 丑时

## 丑牛

牛是十二生肖中的第二位，与十二地支中的丑组合表示年份，称为丑牛。丑时指夜里1—3时，这时候是牛吃足了草料反刍（chú）最细、最舒适的时候，所以古人便将牛与丑时联系起来。

这种将动物习性与时间结合的方式形成了这个独特的生肖符号，这象征着勤劳、坚韧和稳定。

## 勤劳踏实

牛有勤劳肯干、脚踏实地、稳扎稳打的习性，不会轻易受环境的影响。牛凭借坚韧的性格和良好的体力，每日帮助人们耕田犁地，牛在人们心中是勤劳踏实的象征。

## 地辟于丑

老鼠把天咬破，混沌初开，荒地连绵，单是靠人力耕作难以养活自己，于是牛帮助人们开荒耕种，使人类能够生存繁衍，因此有地辟于丑之说。

## 生肖成语：汗牛充栋

汗牛充栋：“充”指堆满，“栋”指房屋；形容藏书极多，在家中存放时能堆满整个屋子，运送时会累得拉车的牛汗流不止。

## 火牛阵

火牛阵是战国齐将田单发明的战术。燕惠王即位时，田单向燕军诈降，又于夜间在牛角上绑兵刃，牛尾绑上点燃的浸油柴火，冲向燕军，并以五千勇士随后冲杀，大败燕军。后来火牛阵发展为气势壮观的舞蹈，具有浓郁的民族气息，是独具特色的民俗文化。

# 虎

传说，老虎从猫那里学得扑、咬、抓、冲、跃等武艺后，被天帝任命为天宫卫士。地上的飞禽走兽因为无人看管，给人间带来了灾难，天帝便派老虎去人间管束百兽。

勇猛的老虎在人间战胜了最厉害的狮子、熊、马三种动物，又杀死了骚扰人类的东海龟怪，为了表彰老虎的功绩，天帝在老虎的额头刻下了三横一竖。从此，老虎就成了百兽之王，时至今日，还能看到老虎额头上威风的“王”字。

**蜀道难（节选）**

【唐】李白

朝避猛虎，
夕避长蛇；
磨牙吮血，
杀人如麻。

## 寅虎

虎在十二生肖中排名第三，与十二地支中的寅组合表示年份，称为寅虎。

寅时指夜里 3—5 时，古人发现，这个时间段是虎最活跃、最凶猛的时间，这时的老虎尤为精力充沛，于是古人便将寅时与虎联系在一起，称为寅虎。

## 正义勇猛

虎被称为百兽之王，是正义、勇猛、威严的象征。古人对虎的崇拜源自古代文化中对虎的图腾崇拜，汉代以后虎一直是人们敬畏和喜爱的动物。

### 跳老虎

跳老虎又称虎舞，由成年男子披上画有老虎斑纹的毡子，身上画满虎纹，扮成老虎模样，以乐曲伴奏，用以驱鬼除邪。

## 生肖成语：如虎添翼

如虎添翼，指如同老虎长了翅膀。比喻强大的事物得到帮助后变得更加强大，也用来比喻凶恶的人得到援助后变得更加凶恶。

## 老妇与虎

从前，一位老妇人在山中行走，看见一只老虎脚掌上扎进了一根芒刺，老妇人便将芒刺拔了出来，老虎长啸一声回到了山林中。在这之后，每天都有山鸡、狐狸、野兔等被扔进老妇人的院子中，原来是知恩图报的老虎给老妇人送来了猎物。

十二生肖

# 兔

传说有一对修行千年的兔仙，它们有四个可爱的女儿，个个聪明伶俐。一天，天帝召见兔仙，经过南天门时，兔仙看到嫦娥一个人走向月宫。兔仙感叹嫦娥在月宫中十分孤单，要是有人陪伴就好了。

兔仙回家后，把嫦娥奔月的故事讲给家人听，还想送一个女儿去和嫦娥做伴。几个女儿都舍不得离开父母，但在兔仙的劝说下都表示愿意去月宫，最终它们决定让最小的女儿去月宫陪伴嫦娥。从此，月宫中便多了一只可爱的玉兔。

### 木兰辞（节选）

【南北朝】佚名

雄兔脚扑朔，
雌兔眼迷离；
双兔傍地走，
安能辨我是雄雌？

## 卯兔

兔子，作为中国十二生肖中的第四位，与十二地支中的卯相结合，形成了生肖卯兔。卯时指的是清晨 5—7 时的时间段，在这个时间段，自然界充满生气，青草茂盛，而兔子也因此在这段时间内表现得格外活跃和好动。它们在青草中跳跃、觅食，为清晨田野增添了一片勃勃生机的景象。

## 乖巧可爱

兔子有红红的眼睛、长长的耳朵、短短的尾巴和俏皮的三瓣嘴，看起来乖巧可爱。它长相可爱，性格温顺，是人们喜爱的宠物和朋友。

## 兔尾传说

传说兔子从前的尾巴是很长的，有一天，兔子想要过河，便假装要看看乌龟的孩子们，结果却是踩着小乌龟的背过了河，乌龟情急之下咬住了兔子的尾巴，将尾巴拉断了。从此以后，兔子就成了短尾巴。

## 生肖成语：守株待兔

传说战国时期宋国有一个农夫看见一只奔跑的兔子撞在树上死了，他便不再种地，一直在树下等待，希望能够再次遇见撞死的兔子。守株待兔比喻不主动努力，而心存侥幸想得到意外的收获。

## 龟兔赛跑

乌龟和兔子约定来一场赛跑，比赛开始后，兔子领先了乌龟好长一段距离，兔子想这冠军非我莫属，便在路旁睡着了，结果睡醒的时候乌龟已经到了终点，兔子却因为骄傲大意失去了冠军。

# 龙

传说远古的龙生活在陆地上，能够飞天，善于游泳，长着牛头、蛇身、鹰爪、鱼鳞，却是没有角的。龙想和虎争夺兽王之位，又害怕自己不如老虎威风，便听从蜈蚣的建议，找公鸡借了一对漂亮的角。龙还发誓说，若不还公鸡的角，便再也不回陆地生活。

龙和虎到了天宫，天帝见它们都十分勇猛，于是让龙做了水中之王，虎做了百兽之王。龙回到凡间，想到没有了角会变丑，便决定不还公鸡的角，再也不回陆地了。

## 龙移

【唐】韩愈

天昏地黑蛟龙移，
雷惊电激雄雌随。
清泉百丈化为土，
鱼鳖枯死吁可悲。

## 辰龙

龙在十二生肖中排名第五，与十二地支中的辰组合表示年份，称为辰龙。辰时指早晨 7—9 时。在传统文化中龙一直被视为神秘而崇高的生物，被赋予了特殊的象征意义。能够呼风唤雨，是吉祥的象征，是国家和民族的象征，代表着权威和皇室。这种文化传统不仅丰富了中国的生肖体系，也深刻地影响了中国的社会习惯和价值观念。

## 英勇善战

龙是十二生肖中唯一虚构的动物，它神秘莫测、英勇善战。传说中龙的本领高强，能够行云布雨；同时龙也很正直，为了解救人间疾苦，不惜触犯天条。

## 部落图腾

图腾是原始社会的人认为跟本氏族有血缘关系的某种动物或自然物，一般用作本氏族的标志。龙作为多种动物组合的图腾，成为原始社会各氏族大统一的象征。

## 生肖成语：鱼跃龙门

传说黄河中的鲤鱼如果能够跳过龙门，就会变化成龙，龙门指黄河晋陕大峡谷的最窄处。鱼跃龙门比喻事业成功或地位高升。

## 龙生九子

龙生九子，各有所好。常用来比喻同胞兄弟之间性格、爱好各有不同。关于龙生九子有多种说法，但以囚牛、睚眦（yá zì）、嘲风、蒲牢、狻猊（suān ní）、赑屃（bì xì）、狴犴（bì àn）、负屃、螭（chī）吻为主。

# 蛇

传说从前蛇和青蛙是好朋友，蛇长有四条腿，每日咬人行凶；青蛙在地上爬行，帮助人们捉虫除害。天帝听说后，便将蛇的四条腿砍下，安在了青蛙身上。

蛇决定改过自新，帮助人们捕捉害虫、治病救人，并且通过自己的努力成为生肖之一。虽然蛇不再主动伤人，但它仍然对青蛙怀恨在心，直到现在，蛇还是会捕食青蛙。

**蛇（节选）**

【宋】丁谓

起蛰良时在，
鸣风异禀存。
大能吞巨象，
长可绕昆仑。

## 巳蛇

蛇在十二生肖中排名第六，与十二地支中的巳组合表示年份，称为巳蛇。巳时指上午 9—11 时，据说这个时间蛇大多藏匿在草丛中，不会主动出现在人们的视野中。蛇作为生肖，代表着机智、狡黠（jiǎo xiá）和智慧，也有时被视为神秘的象征。

蛇的行为与巳时的静谧（mì）相呼应，这种联系让人们对生肖蛇充满了好奇和尊重。传说中的蛇精通医药和占卜，因此在中国文化中，蛇也与医药和占卜有关，代表着智慧和谋略。

## 冷血动物

蛇是十二生肖中唯一的冷血动物，它们经常在草丛或山洞中出没，很难被敌人发现。蛇每隔一段时间会躲在安全的地方蜕皮，将受损的旧皮蜕下，露出更具有光泽的新皮。

## 白蛇传说

《白蛇传》是盛行于明清时代的民间传说，讲述了修炼成人形的白娘子与许仙的爱情故事，其中包括断桥相会、白娘子盗取灵芝草、水漫金山等情节，现已被列入第一批国家级非物质文化遗产。

## 生肖成语：画蛇添足

楚国的几位门客比赛画蛇，最先画好的人可得一壶酒。其中一个人先画好了，却又给蛇添了几只脚，最终这个人未得到这壶酒，因为现实中蛇是没有脚的。画蛇添足比喻做了多余的事，弄巧成拙。

## 伏羲女娲

伏羲（xī）和女娲（wā）是我国最早的有文献记载的创世神，被视为华夏民族的祖先。在汉代画像砖上能看到，伏羲和女娲皆是人首蛇身，伏羲创造了占卜八卦，女娲则留有抟土造人、炼石补天的传说。

十二生肖

# 马

传说古时马有双翼，称为天马，是天帝的坐骑。一日，天马在龙宫踢伤了虾兵蟹将，被天帝下令削去双翼，压在昆仑山下以示惩罚。二百多年后，人类始祖经过昆仑山，救出了受罚的天马。

天马为报答救命之恩，便随人类始祖来到人间，终生为人类效忠。平时耕地拉车、运送货物，战时披甲配鞍、冲锋陷阵。马因其忠诚、勤劳的习性，被人类推举为生肖之一。

**送友人（节选）**

【唐】李白

浮云游子意，
落日故人情。
挥手自兹去，
萧萧班马鸣。

## 午马

马在十二生肖中排名第七，与十二地支中的午组合表示年份，称为午马。午时指 11—13 时，午时太阳直射地面，气温逐渐升高，动物都会躺着休息，只有马还是站着，因此午时属马。这种特殊的行为特征使马成为午时的代表生肖，被赋予了坚毅和不屈的象征。马的生肖象征着活力、勇气和坚韧，这些特质也常常与出生在马年的人联系在一起。马年出生的人被认为具有活力和冒险精神，乐观且坚韧。

古人将马称为六畜之首，可见马在古代生活中的重要地位。马是人类最早驯养的动物之一，无论是农耕、狩猎、运输，还是上战场，马都为人类立下了汗马功劳，是人类当之无愧的好朋友。

## 马跃檀溪

三国时期，刘备被曹操打败，投靠在刘表麾下。刘表的妻子蔡夫人对刘备怀有敌意，于是联合兄长蔡瑁想要杀死刘备。刘备得知后，匆忙出逃，行至檀溪，人和马都陷入水中，刘备大呼马名的卢，此马竟然跃起三丈，跳上岸边，刘备因此得救。

生肖成语：塞翁失马

古时有位边塞老人丢失了一匹马，邻居劝他不要着急、保重身体，老人却说丢了马也许会带来福气，后来这匹马竟带了一匹骏马回来。塞翁失马比喻虽然暂时受到损失，但也许会因此得到好处。

古代一位国君用千金的价格求取千里马，结果国君的侍卫用五百两买回一匹千里马的骨头。国君大怒，侍卫却说，马骨都要用五百两买，天下人必然知道您是真心买马。此后不到一年，便有好几人带着千里马来见国君。千金买骨比喻求贤若渴。

十二生肖

# 羊

远古时期，人间没有五谷，人类只能靠吃野草为生。神羊非常同情人类，便悄悄将天宫的五谷种子带到人间。人们撒下种子，很快就长出了庄稼。收获时，人们为了感激神羊，举行了盛大的祭祀。

祭羊仪式惊动了天宫，天帝以偷盗五谷种子的罪名处死了神羊。第二年，在神羊死去的地方，出现了青草和小羊羔，羊从此在人间定居下来，为人类提供羊毛、羊肉和羊奶。后来选生肖的时候，人类将羊推举为生肖之一。

### 敕勒歌

【南北朝】佚名

敕勒川，
阴山下。
天似穹庐，
笼盖四野。
天苍苍，
野茫茫，
风吹草低见牛羊。

## 未羊

羊在十二生肖中排名第八，与十二地支中的未组合表示年份，称为未羊。

未时指 13—15 时，是羊群悠闲地吃草和散步的时间。这个时间段的宁静与和谐，使得羊与未时形成了紧密的联系。因此古人将羊与未时联系在一起

## 温顺吉祥

羊是人类驯化的家畜之一，性情温顺，易于管理。“羊”字在古代与“祥”字相通，也可写作吉羊。羊是祥瑞的象征。古人逢年过节都会送羊，取其吉祥的含义。

## 左慈变羊

传说左慈是东汉著名的方士，一次他在宴会上戏弄了曹操，被曹操下令捉拿。逃跑过程中左慈变成公羊躲入了羊群中，曹操命部下劝降左慈，这时羊群中一只公羊像人一样站着说：“这样最好！”人们一拥而上捉拿这只公羊，羊群中的羊又全部变成了公羊，都像人一样站着说：“这样最好！”人们便分辨不出哪只羊是左慈了。

## 生肖成语：亡羊补牢

从前有人养了一群羊，羊圈破了洞，一只羊被狼叼走了。邻居劝他修补羊圈，他却认为羊已经丢了，修补羊圈没有用。第二天早上，羊又少了一只，这个人赶快补好了羊圈，防止狼再来偷羊。亡羊补牢比喻出了问题及时想办法补救，可以防止继续遭受损失。

## 富者乞羊

从前有个富人，养了九十九只羊，可他却想要一百只羊。富人的邻居是个穷人，只有一只羊，富人却请求穷人将羊送给他，这样他就有一百只羊了。富者乞羊用来讽刺那些为富不仁、贪得无厌的人。

# 猴

从前猴子和兽王老虎是好朋友，每当老虎外出时，猴子便暂代兽王之职。一天老虎落入了猎人的陷阱，猴子见状，想方设法救出了老虎。老虎虽然嘴上感谢猴子，心里却感到很没面子，但碍于猴子是它唯一的朋友，不能表现出来。

天帝要选出十二生肖，猴子也想做生肖，便求老虎为他求情。老虎感念猴子的救命之恩，便向天帝进言，说猴子机智敏捷，还能帮助自己管理百兽，天帝便将猴子列为生肖之一。

**早发白帝城**

【唐】李白

朝辞白帝彩云间，
千里江陵一日还。
两岸猿声啼不住，
轻舟已过万重山。

## 申猴

猴在十二生肖中排名第九，与十二地支中的申组合表示年份，称为申猴。申时指 15—17 时，这个时刻正是猴子们的叫声最为响亮的时候。它们在这段时间内表现出极高的活跃度，经常跳跃、嬉戏和发出尖锐的叫声。

这种与申时相联系的特性赋予了猴子与申时的紧密联系。在中国文化中，猴子代表着机智、灵活和聪明。它们常常被视为懂得玩弄把戏、善于模仿的动物，因此在中国传统文化中，猴子也被视为机智的象征。

## 机智敏捷

猴是灵长目猴科动物的统称，它们长着心形的脸、红红的屁股和长长的四肢，猴子大脑发达，行动敏捷，主要生活在丛林中，大部分适应群居生活。

### 猴子捞月

一群猴子在森林中玩耍，其中一只在水井中看到了月亮的倒影，以为月亮掉到了井里，便呼喊同伴将月亮捞出来。猴王钩住树枝，其他的猴子一只抓一只，连成了一长串。可是这群猴子太重了，压断了树枝，猴子们全部掉入了水中，真是猴子捞月一场空啊。

## 生肖成语：朝三暮四

从前有一个养猴的人，他早上给猴子三个橡子，晚上给四个，猴子大怒。后来早上给四个，晚上给三个，猴子却很开心。朝三暮四原比喻聪明人善于使用手段，愚笨的人不善于辨别事情，后来形容反复无常。

## 红色屁股

一天，猴子爬到松树上摘松果吃，吃一个扔一个。老松树劝猴子要节约，猴子觉得很有道理，想去把松果捡起来，可屁股却被松脂粘住了。猴子拼命挣脱，屁股上的毛都掉了，只剩下红红的屁股。其实，猴子因为坐姿时的摩擦而导致屁股上毛比较少，皮下血管又很多，屁股才会显露出红色。

# 鸡

从前鸡非常好斗，整天惹是生非，对人类并无贡献，因此被排除在生肖名单之外。鸡看到其他生肖受人喜爱，也想争做生肖，它想到牛能耕田，马能拉车，狗能守门，而自己只有一副好嗓子，要想个办法为人类做事。

鸡回到家中，努力想了一夜，终于想到用自己的好嗓子来叫人们起床。于是每天清晨，鸡早早起床，唱着动人的歌曲把人们从沉睡中唤醒，提醒人们按时劳作。人们对鸡的贡献非常感激，请求天帝将鸡选为生肖之一。

**咏鸡诗（其二）**

【明】唐寅

头上红冠不用裁，
满身雪白走将来。
平生不敢轻言语，
一叫千门万户开。

## 酉鸡

鸡在十二生肖中排行第十，与十二地支中的酉组合表示年份，称为酉鸡。酉时指 17—19 时，这时鸡活动频繁，四处寻找食物，因此酉时属鸡。在中国文化中，鸡一直被视为勤劳和勇敢的象征。它们早早起床，在黎明前就开始报晓，因此在农村地区，鸡的啼声成为一种常见的声音。

## 守信准时

鸡最大的特点便是破晓打鸣，准时将人们唤醒。古代的计时工具虽然能够指示时间，却不能按时叫醒人们。而鸡不论风霜雨雪、酷暑寒冬，都能准时为人们报时，绝不偷懒。

## 呆若木鸡

传说西周时期周宣王喜爱斗鸡，他请人训练了一只常胜不败的斗鸡。这只斗鸡站在那里，气定神闲，不骄不躁，像一只木鸡一样，其他的斗鸡看到它那副呆样，都被吓得不战而败。呆若木鸡现在形容因恐惧、惊讶或困惑而发愣的样子。

## 闻鸡起舞

东晋时期将领祖逖年少时便志向远大，每每与好友谈及天下大事，总是慷慨激昂。为了报效国家，祖逖每天听到鸡叫便起床练武，强身健体。闻鸡起舞形容人奋发有为，或比喻有志的人及时奋发。

## 金鸡独立

金鸡独立形容像鸡一样使用单腿站立，后来泛指人单足站立的姿势。金鸡独立常见于武术动作中，一腿站稳，另一腿抬起，挺直腰背，配合手臂保持身体平衡。

十二生肖

# 狗

传说狗和猫都想当选生肖，狗每天看门护院，一顿饭要吃一盆；而猫却撒谎说每天抓老鼠，每顿只吃一灯盏。天帝信以为真，断定猫吃得少又能干，对人类的贡献比狗大。狗气愤极了，认为猫赢得不光彩，追着猫边骂边咬，把猫追得不敢露面。

尽职尽责
看家护院

趁着猫躲藏的时机，狗忙和鸡一同去天宫选生肖。鸡又飞又跑，排在了狗的前面，狗则排在了猪前面，做了第十一名。等猫到了天宫，生肖早已选好。狗虽然做了生肖，可它依然不能原谅猫，见了猫就要追赶，直到今天仍是这样。

### 草堂（节选）

【唐】杜甫

旧犬喜我归，
低徊入衣裾。
邻舍喜我归，
酤酒携胡芦。

## 戌狗

狗在十二生肖中排名十一，与十二地支中的戌组合表示年份，称为戌狗。戌时指 19—21 时，此时天色渐晚，狗的视觉和听觉灵敏，适合看家护院，因此将狗与戌时联系在一起。在中国文化中，狗一直以来都被视为忠诚和守信的象征。它们通常被赋予保护家庭和主人的特殊责任，因此被人类尊重为忠实的伙伴与朋友。

忠诚友善

狗是人类最早驯化的动物之一，对主人十分忠诚，是我们的好朋友。狗聪明友善，因此很多家庭选择将狗作为宠物。

天狗食月

传说从前一只恶犬吃掉了月亮，人们十分惊慌，一边敲锣打鼓一边喊天狗吃月亮了，恶犬受到惊吓，便把月亮吐了出来。天狗食月就是月食，月球运行到地球的阴影中，地球挡住了太阳射向月球的光，而月球本身并不发光，所以就会看到月亮少了一块或者完全消失。

十二生肖

# 猪

传说在选生肖这天，动物们必须在规定的时辰到达天宫，否则就做不了生肖。猪知道自己体格笨重，行动缓慢，便早早地从家里出发，赶去天宫排队。

由于路途遥远，路上障碍重重，当猪到达天宫的时候，已经过了时辰。可是猪没有气馁，它苦苦哀求天帝，其他动物也为猪求情，天帝最终被动物们的友情感动，破格将猪封为生肖。

**北园杂咏（其七）**

【宋】陆游

短笻行乐出柴荆，
雪意阑珊却变晴。
林际已看春雉起，
屋头还听岁猪鸣。

## 亥猪

猪在十二生肖中排名十二，与十二地支中的亥组合表示年份，称为亥猪。亥时指 21—23 时，此时夜色已深，猪睡得最香，生长最快，因此将猪与亥时联系在一起。在中国文化中，猪一直以来都被看作是吉祥、富饶和幸福的象征。猪年被视为充满希望和机会的一年，人们期待着在猪年获得好运和财运。

## 憨厚富贵

猪长着胖胖的身体、短短的四肢、粉粉的鼻子和大大的耳朵，看起来憨厚可爱。人类驯养猪已经有几千年历史，猪虽然动作笨拙，性格却温顺善良，一直被当作富贵的象征。

## 梁鸿偿猪

东汉有位隐士梁鸿，年少时家境贫寒，为人清高耿直。一次，他上山放猪，不小心烧毁了一间农舍。梁鸿用猪来赔偿，农舍主人却嫌少，梁鸿身无长物，便去那家做工赔偿。农舍主人后来想把猪还给梁鸿，梁鸿却没有要，空手回家了。

## 生肖成语：三豕涉河

春秋时孔子的学生子夏听到有人读史书时读道晋国的军队三豕涉河，子夏纠正他说：“不是三豕而是己亥，因为己与三、亥与豕字形相像，书籍写错了。”三豕涉河指文字传写或刊印的讹（é）误。

# 传统服饰

从古至今看中国

万建中◎主编



吉林科学技术出版社

图书在版编目（CIP）数据

传统服饰 / 万建中主编. -- 长春 : 吉林科学技术出版社, 2025. 3. -- (从古至今看中国). -- ISBN 978-7-5744-1859-2

Ⅰ. TS941.12-49

中国国家版本馆CIP数据核字第2024BG8841号

从古至今看中国　传统服饰

CONG GU ZHI JIN KAN ZHONGGUO  CHUANTONG FUSHI

# 目 录

传统服饰

# 商代

服饰分为服装和配饰两部分，从山顶洞人使用兽皮缝制服装开始，到黄帝时期的“上衣下裳”，经过漫长岁月的演变，到商代已经发展出头衣、体衣、足衣等一套非常完整的服装形式。

商代服饰并没有留下实物，但在史料记载和墓葬考古发掘中，我们可以窥知一二。商代服饰根据用途可以分为祭祀服、朝会服、从戎服、吊丧服、婚礼服等等，下图是常见的服饰之一。

**诗经·邶风·绿衣（节选）**

【先秦】佚名

绿兮衣兮，绿衣黄里。
心之忧矣，曷维其已！
绿兮衣兮，绿衣黄裳。
心之忧矣，曷维其亡！

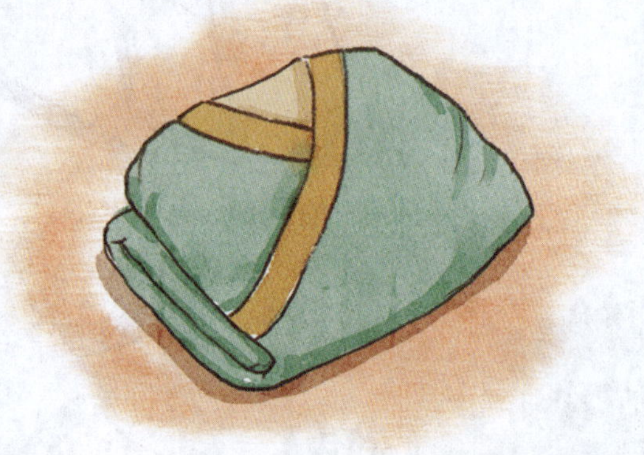

## 衣料

在甲骨文和青铜器铭文的记载中，商代的衣料种类丰富，有丝、麻、皮、革等，使用非常普遍。而在墓葬遗址中，更是发现使用了印染与织花技术的衣物。

## 头衣

头衣又称元衣、元服，即现在所说的帽子。商代的头衣已经发展到较为成熟的阶段，大体分为高冠、矮冠、圆箍状冠和巾帻冠，当然也有大部分人不穿着头衣。

## 足衣

足衣指穿着在足上的装束，又称履，多用来指鞋、袜。商代的鞋一般由葛藤、草、皮革或是丝织品制成，有的做成平头鞋，有的做成尖头鞋。袜一般是用布帛、熟皮制成的。

## 体衣

商代的体衣多为上衣下裳、交领右衽（rèn），外面有带系在腰间。商代人上身着衣，下身着裙（即裳），衣服的左右两襟在胸前相交（即交领），左前襟将右襟掩盖在内（即右衽）。

# 周代

周代作为接替商代的下一个王朝，除了继承商代基本的服饰形制，还发展出了完整的服饰等级制度，从服饰的形式、颜色、图案等方面严格规定服饰与阶级地位、穿着场合的关系，绝不能错穿。

周代服饰中，“上衣下裳”已成为固定形式，由此“衣裳”逐渐成为服装的通称。周代的王室贵族为了表示地位尊贵，会在不同场合穿着不同形制的冠冕和衣裳。

**国风·豳风·七月（节选）**

【先秦】佚名

七月流火，
九月授衣。
一之日觱发，
二之日栗烈。
无衣无褐，
何以卒岁？

## 衣料

周代非常重视养蚕业，丝绸产量有所增加。但是由于身份等级的差异，大多数平民只能穿着本色麻、葛布衣或粗毛布衣，甚至是草编的“牛衣”。精美的丝绸服装由于丝绸产量的原因，在一开始非常稀有，但后来随着丝绸产量的增加，它成了外交贸易中的宝贵资源。这段历史也为后来中国丝绸业的繁荣和传统服装的世界闻名奠定了基础。

## 佩玉

佩玉的习俗在商代就已流行。到了周代，人们更是将玉和君子高洁的品德联系在一起，认为“古之君子必佩玉”。佩玉一般分为玉圭（guī）、玉瑗（yuán）、玉玦（jué）等，或是不同造型的玉穿成的组佩，上面雕刻人、龙、鸟、兽等花纹。

玉圭

玉玦

## 冕服

冕（miǎn）服是古代帝王举行重大仪式时穿的礼服，包括冕冠、玄衣（黑色上衣）、纁（xūn）裳（浅赤色下裳）、腰带和赤舄（xì）（红色鞋子）等。冕冠前圆后方，前后各缀有十二串玉珠，礼服上装饰有十二章纹。

## 十二章纹

十二章纹包括绘于冕服玄衣的日、月、星辰、山、龙、华虫（雉鸡），以及绣于纁裳的火、宗彝（yí）、藻、粉米、黼（fǔ）、黻（fú）。日月星辰寓意照耀，山寓意稳重，龙寓意变幻，华虫寓意文采，火寓意光明，宗彝寓意忠孝，藻寓意洁净，粉米寓意滋养，黼寓意果断，黻寓意明辨。

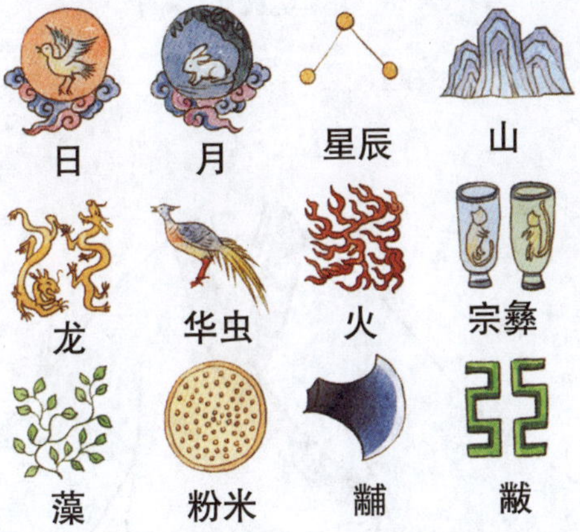


## 敝膝

敝膝穿戴在下裳的外面，具有保暖、美观和区分等级的作用。敝膝由染色的布帛制成，或是由染色的皮革制成，均以朱色为尊，赤色、白色、黑色次之。

传统服饰

# 春秋战国

春秋战国时期，周天子统治力日渐衰微，几大诸侯国各自为政，互相竞争的同时也促进了服饰的交流发展。春秋战国时期的纺织材料、服装剪裁以及装饰，与之前相比都发生了巨大的变化。

春秋战国时期，上到王侯贵族，下到大臣客卿，都以服饰贵重为荣。此时，人们突破了不能在市场贩卖珠玉锦绣的规定，许多华贵、精美的服饰也在此时期在市面上贩卖。

## 九章·涉江（节选）

【战国】屈原

余幼好此奇服兮，
年既老而不衰。
带长铗之陆离兮，
冠切云之崔嵬，
被明月兮佩宝璐。

## 纹样

春秋战国时期的服饰纹样具有生动灵活、繁而不乱的特点，在继承商周时期几何图案的基础上，又加入灵动的鸟兽等动物纹样，以及花草纹、藤蔓纹等。

这些元素为服装增添了更多的视觉丰富性，展示了人们对自然界的向往。这些多样化的纹样和图案丰富了春秋战国时期的服饰，反映了当时文化的繁荣与创新精神。

## 配饰

春秋战国时期的配饰主要有佩玉、宝剑等。随着玉石雕刻技术的发展，上层人士大多喜欢佩戴几件精致的小件佩玉。宝剑作为春秋战国时期的新兵器，贵族佩戴时，多镶嵌金玉。

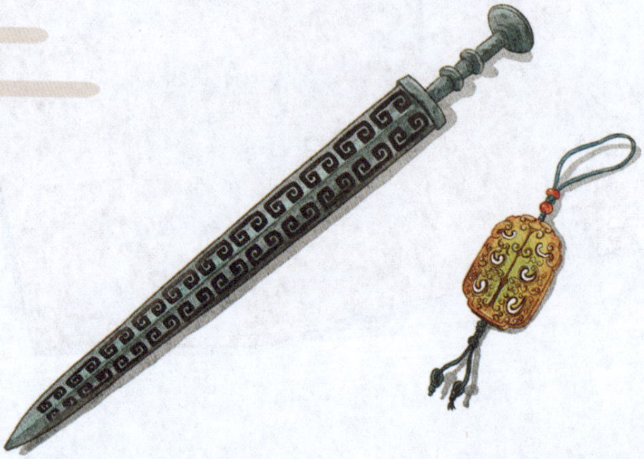

## 深衣

据史学家推断，深衣可能于春秋战国时期出现，是当时各个阶层穿着的服装。深衣创造性地将上衣、下裳合二为一，但仍保留上下的分界线。深衣分为交领斜襟（曲裾）和直襟（直裾）等形式。

## 胡服

战国时期赵国的赵武灵王颁布胡服令，推行胡服骑射。胡服，指当时“胡人”（即中原以外地区的异族人）的服饰，衣长及膝、腰间束带、脚下穿靴，便于骑射。

## 带钩

带钩起源于西周，战国时广为流行，是用来系腰带的挂钩。带钩除了实用性，更多的是镶金嵌玉，起到装饰的作用。带钩种类繁多，制作精美，还可以装在腰侧用来悬挂宝剑、印章等。

# 秦代

战国末期，秦始皇统一六国，建立大一统的国家——大秦帝国。秦代初期曾经将六国的车马、服饰全部收缴，因此秦代服饰在延续战国时期特点的基础上，进行了统一和革新。

秦代崇尚武力，秦代服饰相应的具有严肃、干练等特点。男女衣服皆为交领右衽、衣袖较窄，衣服边缘和腰带上装饰有花纹精致的彩色织物。

**秦宫诗（节选）**

【唐】李贺

越罗衫袂迎春风，
玉刻麒麟腰带红。
楼头曲宴仙人语，
帐底吹笙香雾浓。

黄帝

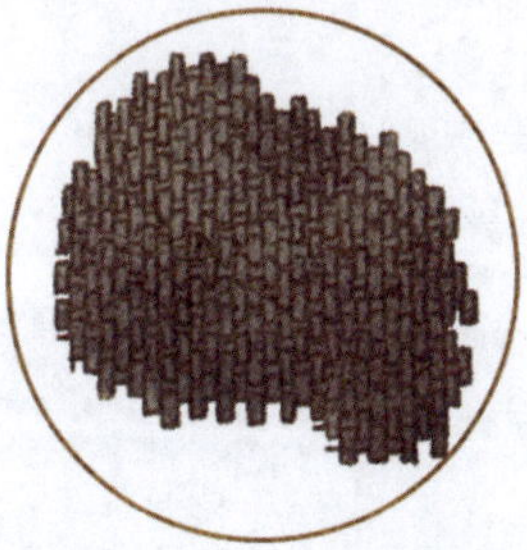

官员

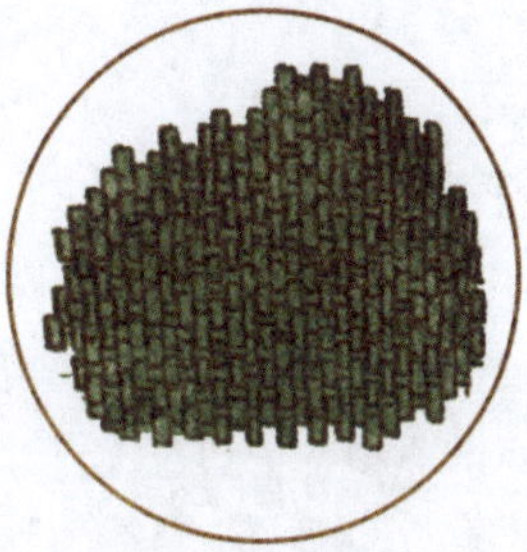

庶民

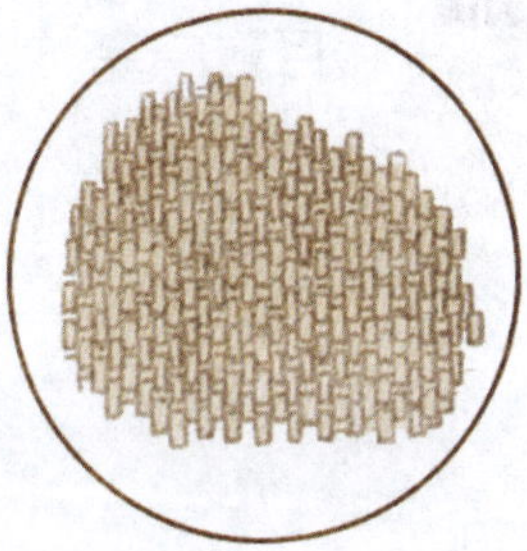

## 服色

秦代服饰崇尚黑色，以黑色为尊，秦始皇郊祀时只穿着上衣下裳均为黑色的礼服。三品以上官员穿着绿袍，庶民则穿着白袍。妃嫔服色则以迎合皇帝喜好为主，春季配青色，夏季配赤色，长夏则选择黄色，秋天选用白色，冬季则穿黑色。

这种五色与五行的配合，为妃嫔们的服饰赋予了深刻的象征意义，反映了当时社会对色彩和服饰的高度重视和规范。

## 官服

秦代男子多以穿着袍服为贵。袍服产生于秦代以前，最初是一种夹有棉絮的内衣，后来逐渐演化为官服。秦代官员穿着大袖收口、装饰花边的袍服，头戴冠，执笏（hù）板，耳戴白笔。

## 将领铠甲

秦代将领大多内着齐膝长襦，下着长裤，外面套有镶金属或皮革的革质铠甲。足穿方头革履，发髻（jì）多是上耸偏右，头戴皮质发冠。将领铠甲制作精细，常常绘有精美图案。

## 士兵铠甲

秦代士兵分为步兵、骑兵、战车御手等类别。其中步兵着长襦、短裤，外披铠甲，系有裹腿。骑兵身着胡服，配以齐腰铠甲，下着长裤。战车御手则是在长襦外套上厚重的铠甲，以严密保护身体。

步兵　　战车御手　　骑兵

## 缊袍褐衣

缊（yùn）袍褐衣本是穷苦百姓的衣着，但是在秦代，儒生阶层也做此装扮。儒生是遵从儒家学说的读书人，其中佼佼者被尊为博士，很受秦始皇的重视。儒生的衣服形制虽与百姓稍有不同，但衣料却是一样的。

# 汉代

汉代分为西汉和东汉两个时期，西汉承接秦代，衣冠服饰与秦代一脉相承，却又多了几分创新。到了东汉，逐渐发展出具有汉代特色的服饰，并创立了明确的冠服制度。

西汉多穿着深衣，与战国时期不同，女子深衣下摆逐渐加宽，衣裙呈喇叭状，走路摇曳多姿且不露鞋面。东汉又出现了通裁的袍服，即上下衣之间无缝。而劳动人民则男子着短襦与长裤，女子上穿短襦，下着长裙。

**陌上桑（节选）**

【汉】佚名

头上倭堕髻，
耳中明月珠。
缃绮为下裙，
紫绮为上襦。

冠

巾

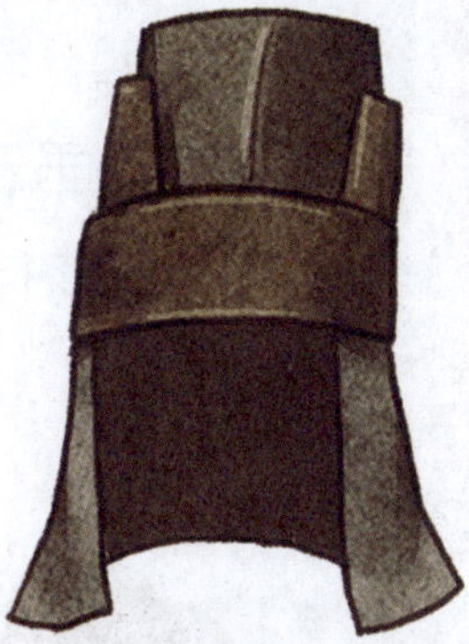

帻

## 冠帽巾帻

冠和巾是汉代男子成年后佩戴的头饰。男子 20 岁后，有地位的贵族和官员戴冠，不同形制的冠还有区分身份等级的作用。百姓则只能佩巾，其中帻（zé）是带有帽圈的巾。而帽一般用来御寒。这表明汉代时期的服饰不仅是一种装饰，还具备实用性。

这些头饰的差异及其功能使汉代社会中的个体身份和社会地位得以明确，反映了当时社会等级制度的特点。

## 发髻

汉代女子发型多种多样，或是让头发自然垂在脑后，只在发尾绑起；或是将头发分为两束，在头顶挽成不同形状，如堕马髻、垂云髻、双鬟髻等。其中堕马髻与愁眉、啼妆、折腰步最受汉代女子喜爱。

## 佩绶

汉代将前人的佩饰习俗逐渐发展成为佩绶，绶的系结方式通常是打成一个大回环，然后下面系印章。印装于腰间的鞶（pán）囊中，系于绶的一端，垂于外边，绶的另一端垂于身后，称印绶。

## 衣料纹样

汉代衣料绣有繁复的花纹，除了山水纹饰、寓意吉祥的动物和植物，更加入了文字元素，将“延年益寿”“万寿如意”“长乐明光”等吉祥铭文加入花纹间隙中，表达人们祈求幸福的美好愿望。

## 丝绸之路

汉武帝时期张骞奉命出使西域，开辟了通向西域各国的通商道路，史称“丝绸之路”。与西域各国的来往通商，使中国服饰走向世界，同时也将西域风情植入汉代服饰。

# 魏晋南北朝

魏晋南北朝时期是中国古代服装史的大变动时期，这个时期大量的外族人迁往中原，服装融入了各方特色。魏晋时期，由魏文帝曹丕制定的“九品中正制”，为官服的发展奠定了基础。南北朝时期则主要是民族服饰大融合。

魏晋南北朝时期流行“褒衣博带”，即身着宽袍，腰系阔带。魏晋时期的竹林七贤更是冲破世俗礼教，他们宽衣大袖、袒露胸膛、披散头发，常在竹林中设宴赋诗。女子衣着则逐渐向上衣短小、下裙宽大发展。

## 洛神赋（节选）

【魏晋】曹植

翩若惊鸿，
婉若游龙。
荣曜秋菊，
华茂春松。
髣髴兮若轻云之蔽月，
飘飖兮若流风之回雪。

## 袴褶

袴褶（kùzhě）来自北方民族，上身是齐膝大袖或小袖的衣服，下身是宽大的喇叭裤，并在膝盖处系以长带。外面还可以加裲（liǎng）裆衫，即一种类似背心的服装，一般为前后两片，肩部用皮革或织物连接。对于贵族或官员来说，他们可能会在这种服装的最外层加穿披风式外衣，这样的外衣不仅能够保暖，还能够彰显他们高贵的身份。整体而言，袴褶和相关的服饰元素展现了汉代时期多样的时尚趋势。这些服饰体现了文化交流的多元性。

## 杂裾垂髾

杂裾垂髾是深衣的变形，魏晋时期将深衣的下摆做成层层相叠的三角形，并在两边装饰飘带，称为垂髾，走起路来似燕子飞舞。到了南北朝时期，垂髾的飘带被去掉，并加长了下摆的三角形，使衣服更加飘逸。

## 假发髻

魏晋南北朝时期流行高髻，以发量多、形似彩云为美，因此假发髻非常盛行。假发髻分量较重，因此平时多置于架子上，又称“假头”。穷苦女子没钱置办假发髻，故自号“无头”，有重要事宜时，要向他人“借头”。

## 花黄

南北朝时期，女子将黄色的纸或是其他轻薄的材料剪成花、鸟、鱼的形状，再将其贴于额头正中，称为花黄。《木兰诗》中“当窗理云鬓，对镜帖花黄”即是对此妆容的生动描写。

## 木屐

古代将装有木齿的鞋子称为“屐（jī）”，又多用木料制作，因此得名木屐。木屐鞋底前后各有一齿，走起路来会咯咯作响。南朝诗人谢灵运曾发明一种可以用于登山的木屐，称为“谢公屐”，上山时拆下前齿，下山时拆下后齿，便于保持平衡。

传统服饰

# 隋唐五代

隋代结束了南北朝时期的动荡不安，重新形成统一的政权。隋唐时期，天子和百官的服饰多承袭旧制，具有严格的等级制度。其中颜色用来区分等级，花纹用来区分官阶。

隋唐时期，富庶家庭多用丝绸、彩锦、彩绫等制作衣物，同时又配以五色彩绣、金银线绣、泥金银绘画、印染花纹等。随着盛唐时期的繁荣，衣料上绘制的花样也愈发多样化。

**丽人行（节选）**

【唐】杜甫

绣罗衣裳照暮春，
蹙金孔雀银麒麟。
头上何所有？
翠微㔩叶垂鬓唇。
背后何所见？
珠压腰衱稳称身。

## 男子服饰

男子的官服和普通服饰呈现出鲜明的区别，体现了社会地位和身份的不同。男子官服多为头戴幞（fú）头，身穿圆领长袍（窄袖且衣长过膝，膝盖处有一道横向条纹），腰系红色且装饰有玉带钩、金色花纹的腰带，脚下穿乌皮六合靴。普通人家则穿直裰或是短衫长裤。直裰是一种斜领大袖的上衣，类似于深衣的形制，而短衫则与长裤相配，更加朴素和实用。

## 女子服饰

隋唐五代时期的女子服饰更为华丽多样，女子一般穿着襦裙（即短上衣和长裙），束高髻，头上插有步摇、金雀钗等头饰，脸上贴有花鸟形状的花子，脚下穿平头或高头、绣有花纹的鞋子。

## 幞头

幞头始于南北朝时期，在隋唐时期逐渐流行起来。幞头由黑纱做成，内有软胎。佩戴时裹在发髻上，上方突起且微微前倾。幞头共有四条帽带，两条用来固定帽子，两条垂于脑后或是向两侧翘起，五代时期后垂的两条带子由软变为硬。

方顶硬壳幞头

结式幞头

## 襦裙

隋代的襦裙与魏晋时期不同，重新变化为窄袖，上衣日渐短小，下裙越发宽阔飘逸。唐代襦裙则逐渐发展为袖子宽大、长裙在身后拖曳的形式，甚至需要用法令限制袖子和长裙的长度。

隋代襦裙

唐代襦裙

## 半臂

半臂最初流行于隋唐时期的宫廷中，后逐渐传入民间。半臂的袖子只到肘部，衣长可到腰部，穿着时用带子在胸前系起。半臂通常与披帛一起穿戴，披帛即绘有花纹的薄纱，披于肩部，两端绕在手臂上，衬托女子的美丽妖娆。

# 宋代

宋代形成了统一的国家政权，为民族服饰的融合提供了基础。宋代政权建立初期，依照《三礼图》（即《周礼》《仪礼》《礼记》宫室、舆服等物之图）重新制定服饰制度。从颜色、面料、形制上对民间多有禁令。

从宋代名画《清明上河图》中可以看出，贵族和官员大多穿着长至脚面的长袍，而平民则是身着短衣，挽起袖子，系上裤腿，这样更有利于劳作。

## 禹祠（节选）

【宋】陆游

豉添满箸莼丝紫，
蜜渍堆盘粉饵香。
团扇卖时春渐晚，
夹衣换后日初长。

## 宋代花冠

宋代女子间流行花冠，有时也会将头发梳成花苞模样，再加以装饰；复杂的则要在高高的发髻上重叠累加 2 ~ 3 层。花冠上插有形状各异的簪（zān）、钗、步摇、发梳等。这些装饰物的选择是因人而异，根据个人的喜好和场合来定制。

花冠的设计和装饰丰富了宋代女性的头饰，不仅增加了美感，还表现出了个体的风格和品味。这些头饰反映了当时社会对美感的高度重视，以及女性在社会文化中的独特地位。

## 宋代幞头

宋代男子官服使用直脚幞头，仍是黑纱做成，内有木质的软胎，但两翅是平直且有逐渐延长的趋势，即我们平时说的乌纱帽。宋代幞头种类还包括两翅向斜上方弯曲的曲翅幞头。

## 鱼袋

宋代承袭唐代官员佩戴鱼袋的制度，唐代需佩戴鱼符和鱼袋，是身份的象征。而宋代则简化为只需佩戴鱼袋，在鱼袋里装有金、银制的鱼或将其装饰在鱼袋表面。

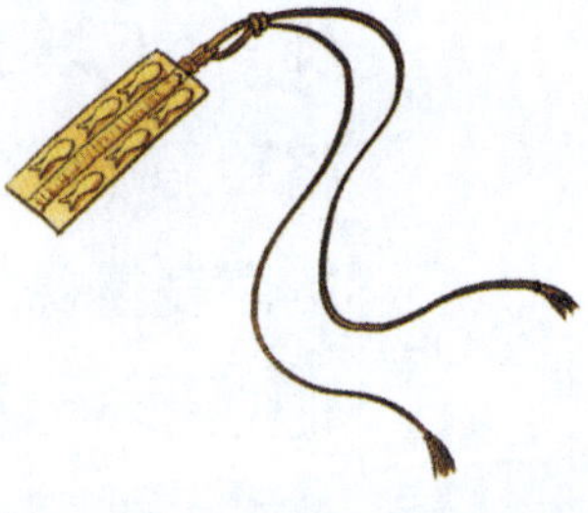

## 文人服饰

宋代文人雅士偏爱古旧风格，喜爱交领大袖的宽衣大袍，头上佩戴东坡巾。相传宋代文学家苏东坡时常佩戴由两层黑纱所做、前后左右各折一角的幅巾，因此得名东坡巾。

## 旋袄

宋代女子服饰与唐代的宽大飘逸不同，以瘦长婉约为美。旋袄是宋代女子服饰中较为流行的一种，它衣长及膝，衣服为对襟但是没有扣子，可以露出腰上缠着的腰带，衣袖较瘦、长度在手腕处。

# 辽西夏金

辽代、西夏、金代政权分别由中国古代契丹、党项、女真民族建立，其服饰分别有着各自的特点。同时，它们的存续时间互有交集，且与宋代也有交集，因此服饰方面从相互抵制到逐渐融合，发展出各有特色的民族服饰。

西夏服饰

契丹、党项和女真起初并没有完善的服饰制度，但在建立政权以后，纷纷向宋朝学习，建立了完整的制度，划分出严格的服饰等级。而三个民族最初都以狩猎为生，因此服饰上还有些许相似之处。

**鹧鸪天·小字缭绫写欲成（节选）**

【金】元好问

小字缭绫写欲成。印来眉黛绿分明。
水流刻漏何曾住，玉作弹棋尽未平。

## 辽代发型

辽代男子通常将头顶的头发剃光，只留两鬓和前额的少量头发做装饰；还有的只留两鬓或是只留前额的头发。与此同时，辽代女子的发型也具备自己的特点。她们一般会将头发梳成发髻或者披在肩上。

发髻是一种常见的发型，通过精心地编织和装饰，可以呈现出多种不同的风格。

## 金代发型

金代男子通常将前额头顶的头发全部剃光，后脑留长发且编成两条粗辫子垂于身后。女子则是将头发编起并盘于头顶，裹上头巾并装饰有金制发梳。

## 辽代服饰

辽代男子一般穿着过膝圆领窄袖袍服，脚穿长靴，腰系革带，其上挂着弓囊、剑囊、刀等配饰。女子一般穿着长可及地的交领窄袖长袍，（其衣襟是左衽，与传统的汉族服饰所用右衽正相反），与男子一样，脚穿长靴，腰系革带。

## 西夏服饰

西夏服饰与唐代相似，男子穿圆领窄袖袍服或是交领长袍，这两种服饰均为右衽，但发型却明显区别于汉族，流行髡发或披发；女子大多穿着翻领胡服，领子上有精美的刺绣，头上戴桃形的金花冠。

## 金代服饰

女真曾被辽国统治多年，因此最初的服饰形制与契丹类似，后逐渐融合宋代服饰特点。男子身穿交领窄袖长袍，脚穿长靴，腰系腰带，耳朵上装饰有金耳环。女子穿交领短衫和长裙，外罩对襟大袖衫。男女服饰均为左衽。

# 元代

元代政权由蒙古族建立，入主中原后，元代统治者根据蒙古族和汉族的服饰特点，对服饰制度做了统一规定，其中包括面料、颜色、花纹等。汉族官员仍保持唐代风格，蒙古族官员则穿合领衣，戴四方瓦楞帽。

元代的过膝的长衣全部称为袍，一般样式为立领窄袖紧身右衽，且下摆较宽大。袍为男女通用，不分高低贵贱，但却在布料和颜色上区分身份。贵族衣物通常使用华丽的织金布料和贵重的毛皮。

**风入松·寄柯敬仲（节选）**

【元】虞集

画堂红袖倚清酣。
华发不胜簪。
几回晚直金銮殿，
东风软、花里停骖。
书诏许传宫烛，
轻罗初试朝衫。

## 元代发型

汉族男性发型几乎无变化，女子发型趋于简化。蒙古族男子流行编发或髡发，编发将前额流出桃形发髻，其余头发编成大环或麻花状垂在耳边，髡发则将脑后头发剃掉，前额头发分左右两缕编起或垂散；女子多挽发髻，贵族加戴姑姑冠。这是一种华丽的头饰，可以显示她们的高贵身份。

这些发型和头饰反映了蒙古族文化中男女之间的发型差异以及社会地位的差异。

## 元代笠帽

笠帽分为圆顶的笠子帽和方形的瓦楞帽，有在帽顶装饰玉石珠子的，还有在帽顶装饰红缨。笠帽在元代非常流行，无论蒙古族还是汉族都可以佩戴。

## 姑姑冠

蒙古族女子头戴的姑姑冠用木胎制成，其上用柳条或银片做出枝形，上包红绢，外层装饰有珍珠、羽毛等。姑姑冠两侧及帽后配有带子，耳侧有珍珠制成的耳饰。

## 质孙服

质孙服是元代达官贵人地位和身份的象征，是皇帝所赐，显示其对臣民的宠爱，受赐者也以此为荣。质孙服由金线和棉线编织的织金棉制成，上面镶嵌有珠玉宝石做装饰，精美奢华。

## 辫线袄

辫线袄衣长过膝，窄袖，使用彩锦制成，腰间围有彩色丝线捻成的细线，作用与腰带相似，又能起到装饰的作用。辫线袄下摆较宽且带有褶皱，适于骑马。

# 明代

明代是继元代以后由汉族建立的统一政权，根据汉族的传统，“上承周汉，下取唐宋”，重新制定了服饰制度。官服与唐代圆领服类似，但颜色不同，分别为绯袍、青袍和绿袍，废除了紫袍。而皇室除黄色外，又增加正红为贵色。

明代延续宋代使用的幞头，但形制稍有区别，皇帝的帽翅在后部向上竖起，官员的帽翅则向两侧伸展。冬季皇帝会赐给大臣毛皮做的暖耳，与现代的耳套类似，平民不能使用。

**马上作**

【明】戚继光

南北驱驰报主情，
江花边月笑平生。
一年三百六十日，
多是横戈马上行。

## 补服

补服是官员在上朝、谢恩、宴会等场合所穿的服饰，胸前和背后均缝有补子，因此得名补服。官员的母亲和妻子也有补服，通常用于庆典或面见皇帝时穿着，其补子按照丈夫或儿子的品级而定，样式同文官的补子相同。

这种做法强调了家族中的尊贵地位以及文官身份的传承，反映了中国古代社会中等级制度和礼仪规范的复杂性。

## 补子

补子是缝在官服前后的两块织锦，其上绣有禽、兽两类图案，用来区分官职大小。文官从一品至九品为仙鹤、锦鸡、孔雀、云雁、白鹇（xián）、鹭鸶（lùsī）、鸂鶒（xīchì）、黄鹂、鹌鹑；武官为一品二品狮子、三品和四品虎豹、五品熊、六品和七品彪、八品犀牛、九品海马。

文官一品仙鹤

武馆一、二品狮子

## 罩甲

罩甲是明代的一种外衣，衣长过膝，有方领和圆领之分，短袖或无袖，套在窄袖衣之外。罩甲共有两种形式，对襟罩甲为骑马时所穿，非对襟式则没有过多穿着要求。其中，黄色罩甲为军队所用。

## 帽子

明代的帽子样式繁多，其中有两种是明太祖朱元璋亲自设计的。一种是黑纱制作的方筒形帽子，称为四方平定巾；一种是由六片布料缝制的半圆形帽子，称为六合统一帽。

## 襦裙

明代襦裙上身一般为短小的交领长袖上衣，下身穿长裙，有些腰间会加一条短小的腰裙，其上系有腰带。明初喜爱浅色带有暗纹的裙子，其后裙子的宽度和装饰日益复杂，出现了将整块布料手工做出细褶的百褶裙。

# 清代

清代是由满族建立的统一政权，因此服饰中满族的风格较为浓烈。清代服饰制度吸收了汉族传统服饰中的等级观念，黄色仅能被皇室使用。

清代官员除延续明代用补子区分官职外，还头戴不同形制的顶戴花翎。其上有一颗顶珠，使用不同材质区分品级。帽后所插孔雀翎也作为区分品级的标志。

### 虞美人·曲阑深处重相见（节选）

【清】纳兰性德

半生已分孤眠过，
山枕檀痕涴。
忆来何事最销魂，
第一折枝花样画罗裙。

## 马褂

马褂衣长至腰部，常有圆领或立领，衣襟多为对襟或大襟，袖口较平，通常穿在袍外，男女皆可穿着。衣袖至手肘部。这为穿着者提供了适度的保暖和舒适。

## 旗髻

旗髻是满族女子的发式，又分为“两把头”“大拉翅”等。清初满族女子梳两把头，将头发分为左右两边，分别向后梳成发髻，剩余头发用扁方在头顶固定，头顶插珠花装饰。旗髻发展至清末逐渐复杂化，最终形成像冠一样的头饰，俗称“大拉翅”。

## 花盆底鞋

也称旗鞋，是清代满族女子所穿的高跟鞋。与现代高跟鞋不同，花盆底鞋在鞋底正中安装木质鞋底，上窄下宽，前平后圆，因形似花盆而得名。

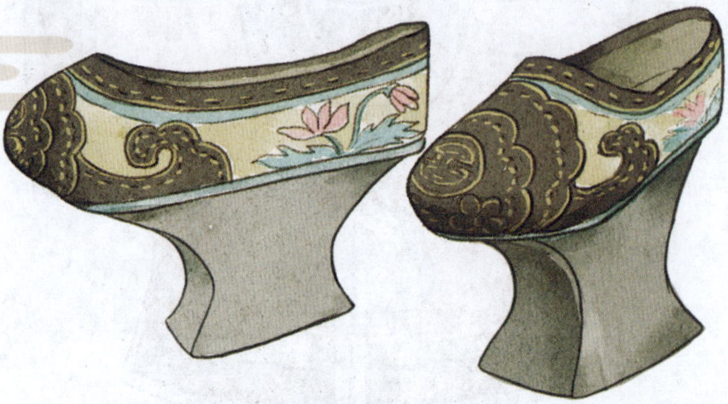

## 巴图鲁坎肩

巴图鲁是满语中勇士的意思。巴图鲁坎肩无袖，由前后两片布组成，胸前领口下方横开一襟，钉有七颗纽扣，左右腋下各三颗纽扣，最初是骑马时所穿的御寒衣物，后流传至民间。

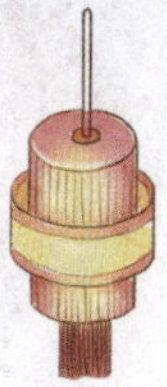

# 中国节日

## 从古至今看中国

万建中◎主编

扫码获得

文化传承

国学剧场

传统美德

国学殿试

吉林科学技术出版社

**图书在版编目（CIP）数据**

中国节日 / 万建中主编. -- 长春 : 吉林科学技术出版社, 2025. 3. -- (从古至今看中国). -- ISBN 978-7-5744-1859-2

Ⅰ. K892.1-49

中国国家版本馆CIP数据核字第20249ME025号

**从古至今看中国　中国节日**

CONG GU ZHI JIN KAN ZHONGGUO ZHONGGUO JIERI

# 目 录

# 春节

春节是指中国的传统新年，俗称年节、新岁、大年、过年，至今已有几千年的历史。最初的春节是从农历腊月二十三延续到正月十九，如今的春节则是农历正月初一开始，正月十五结束。春节是中华民族最隆重的传统佳节，人们在这时回到家里和亲人团聚，享用丰盛的佳肴，表达对未来一年的期盼和美好祝福。

春节期间，人们会举行各种庆祝活动，主要以祭祀神明、祭奠祖先、辞旧迎新、祈求丰年为主题，形式丰富并带有浓郁的民族特色，如耍狮子、舞龙灯、扭秧歌、踩高跷、杂耍等。受中华文化影响，一些华人较多的国家也有过春节的习俗。时至今日，祀神祭祖等活动有所淡化，主要以家人团聚、祈求下一年平安顺遂为主。

## 节日传说

关于春节的起源有很多种说法，其中广为流传的是春节起源于尧舜时期。公元前两千多年，舜接受禅让成为天子，带领各部落祭祀天地。从此，人们把这天当作岁首，即后来的春节。

### 元日

【宋】王安石

爆竹声中一岁除，

春风送暖入屠苏。

千门万户曈曈日，

总把新桃换旧符。

## 发展延续

春节古称元旦，直到汉武帝时期编制《太初历》，将春季定为岁首，春节才有了固定的日期。近代采用公元纪年法，将公历 1 月 1 日称为元旦，农历正月初一称为春节。

# 节日习俗

## 贴春联

春联也叫对联、门对、春贴等，以工整、对偶、简洁的文字抒发美好愿望，是中国特有的文学形式。每到春节，家家户户都会在门上贴一副大红春联，增加节日的喜庆气氛。

## “福”字与窗花

贴春联的同时，人们会给屋门、墙壁贴上大大小小的福字，“福”字代表福气、福运，寄托了人们对幸福生活的美好祝愿。民间还将“福”字做成各种图案贴在窗户上，就是我们所说的窗花。

## 拜年

拜年是春节期间的传统习俗，是人们表达美好祝福的一种方式。给长辈拜年要叩头行礼、祝贺新年如意；同辈亲友之间也要施礼道贺。随着时代发展，又兴起了电话、短信、网络拜年等。

中国节日

# 元宵节

元宵节又称上元节、元夕、灯节等，在每年的正月十五，是春节之后第一个重要节日。正月也称元月，古人把夜晚称为“宵”，因此一年中第一个月圆之夜称为元宵。元宵节在两千多年前的汉朝首次出现，汉文帝时期将正月十五定为元宵节，到汉武帝时，元宵节已成为重大的节日。

元宵节的晚上，大街小巷张灯结彩，人们相约出门赏月、赏花灯、猜灯谜、吃元宵，将春节后的庆祝活动推向新的高潮。不少地方元宵节还增加了舞狮子、踩高跷、划旱船、扭秧歌、打太平鼓等传统民俗表演。2008 年 6 月，元宵节入选了第二批国家级非物质文化遗产。

## 节日起源

传说元宵节是汉文帝为纪念“平定吕氏叛乱”而设的。汉高祖刘邦死后，皇后吕氏后人为夺取江山发动叛乱，但没有成功。平定叛乱以后，文帝深感太平盛世来之不易，便把平息“诸吕之乱”的正月十五定为元宵节，在这天与民同乐，以示庆祝。

### 生查子·元夕

【宋】欧阳修

去年元夜时，花市灯如昼。
月上柳梢头，人约黄昏后。
今年元夜时，月与灯依旧。
不见去年人，泪湿春衫袖。

## 发展延续

随着社会和时代的变迁，元宵节的习俗发生了较大变化，但至今仍是重要的传统节日。元宵节与春节相接，白天为市，夜间燃灯，清代又增加了耍龙灯、舞狮子、划旱船、踩高跷、扭秧歌等内容。

# 节日习俗

## 吃元宵

元宵在南方称汤圆，用糯米粉把白糖、芝麻、肉馅、果仁等馅料包成圆形，可汤煮可油炸，有团圆美满之意。北方“滚”元宵，南方“包”汤圆，两种做法风味各有特色，口感不同。

## 闹花灯

元宵节也称灯节，有挂灯、赏灯、打灯谜的传统习俗。正月十五晚上，街上挂满灯笼，出门赏灯的人们驻足观看，热闹非凡。闹花灯常常会有放烟花活动，将热闹的气氛推向高潮。

## 猜灯谜

猜灯谜又称打灯谜，是中国独有的传统民俗娱乐活动。元宵节闹花灯，会把写有谜语的纸条贴在花灯上，供人们观赏猜玩。猜灯谜是元宵节不可缺少的内容之一。

中国节日

# 龙抬头

农历二月初二称为龙抬头，也称春耕节、农事节，是中国民间传统节日。“二月二，龙抬头”，表示春季来临，万物复苏，新一年的农事活动即将开始。龙在华人心目中有着崇高的地位，是吉祥的象征，更是掌管风雨的龙神。在农业上，龙抬头指经过漫长的冬天，蛰龙开始苏醒，大地回春，春耕从南到北陆续开始。

南方部分地区，人们认为农历二月初二是土地公公的生日，称为“土地诞”，有举办“土地会”给土地公公祝寿的习俗，到土地庙烧香祭祀，敲锣鼓、放鞭炮；北方地区则有理发的习俗，汉族人还会在二月二吃猪头肉。

## 二月二日

【唐】白居易

二月二日新雨晴，
草芽菜甲一时生。
轻衫细马春年少，
十字津头一字行。

## 节日传统与传说

### 剃龙头

相传农历二月初二是蛰龙升天的日子，民间认为这天理发会给人带来好运。儿童理发叫作剃“喜头”，能够保佑孩子健康成长；成人理发则寓意新的一年有好运气，寄托了人们对美好生活的期盼。

### 吃龙食

二月二这天的饮食多以龙命名，春饼称为“龙鳞”，面条称为“龙须”，米饭称为“龙子”，馄饨称为“龙眼”，饺子称为“龙耳”，猪头称作“龙头”。这些都寄托了人们祈求新的一年风调雨顺、五谷丰登的美好愿望。

## 敲龙头

人们会在二月二的早晨，用长竹竿敲击房梁，称为“敲龙头”，意在唤醒龙神，保佑一方平安。有的地方会在院子里用炉灰撒一个圆圈，将五谷放于圈内，称为“打囤”或“填仓”，祈祷新的一年能够丰收。

## 放龙灯

黄河流域的一些地区还有放龙灯的习俗。在芦苇做成的小船上放置蜡烛或小油灯，等到傍晚时分，将其放入河中点燃，为龙引路。放龙灯既是一种娱乐活动，同时也传递出人们的美好心愿。

## 金豆开花

传说掌管天河的玉龙为解救遭受旱灾的百姓，私自降雨，触怒了天帝。天帝将玉龙压在一座大山之下，只有金豆开花玉龙才能得救。人们发现炒过的玉米粒很像金豆开花，于是约定在二月初二一起炒玉米粒，最终，救出了玉龙。

中国节日

# 花朝节

花朝节又称花神节，是庆祝花神生日的传统节日，在每年的农历二月十二（也有人说是二月初二或二月十五）。一般南方以二月十二为花朝，而北方则以二月十五为百花生日。我国南北方气候条件不同，因此南方的花朝节比北方提早几天。

花朝节由来已久，最早在春秋时期已有记载。花朝节这天，人们结伴到郊外游览赏花，女孩子们将五彩纸粘在花枝上，称为“赏红”，各地还有种花、栽树、挑菜、放花神灯等习俗。人们还会去花神庙烧香，祈求花神降福，保佑花木茂盛。

## 花朝

【近代】苏曼殊

江头青放柳千条，
知有东风送画桡。
但喜二分春色到，
百花生日是今朝。

## 节日习俗

### 郊外赏花

花朝节前后，天气回暖，百花盛开，男女老少相约到郊外赏花。花农将种植鲜花的花盆沿路摆放，营造出繁花盛开的景象，称为花市。不能到郊外游玩的人们，便会到花市赏花。

### 赏红

女孩子会在花朝节这天，把五彩纸或绸带粘在花枝上，作为献给花神的礼物，称为赏红。将花树装饰得最漂亮的人即可获胜。赏红既是赏花也是护花，同时还可以祭祀花神、为自己祈福。

## 祝神庙会

传说花神掌管植物生长，因此开始新一年的农业活动前，都要祭祀花神。长江流域大多有花神庙，古代吴越的农家还会供奉花神塑像。除了祭祀花神，有些地方还会表演有关花神的戏曲。

## 种花挑菜

挑菜是宋代风俗，花朝节前后白蒿（hāo）、荠（jì）菜等野菜正是鲜嫩的时候，人们相约在这天到郊外挖野菜，制作春盘，以应时节。花朝节这天，天气转暖，花草树木更容易生长，因此各地还有栽花种树的习俗。

## 制作花糕

唐朝武则天非常爱花，每到花朝节这天都要命令宫女采集百花，和米一起捣碎，制作成花糕，并赏赐给群臣。这种花糕带有花瓣和谷物的芳香，在唐朝非常流行，并作为一种习俗流传至今。

中国节日

# 上巳节

上巳节是指农历三月的第一个巳日，即三月初三，又称三巳、元巳。据记载上巳节最早出现在三千多年前的周代，人们结伴去水边沐浴，此后又增加了祭祀宴饮、曲水流觞（shāng）等内容。宋代以后，礼教逐渐森严，上巳节在中国文化中渐渐衰落。

上巳节在我国流传久远，很多地区至今仍有习俗留存。古时，每到上巳节这天，男女老少都会来到水边，手执兰草洗濯（zhuó）身体，祓（fú）除不祥。现在，这些习俗已经被出游踏青取代了。

## 三月三日曲江侍宴应制（节选）

【唐】王维

万乘亲斋祭，
千官喜豫游。
奉迎从上苑，
祓禊向中流。

# 节日习俗

## 出游踏青

“三月杏花香”，上巳节前后正是杏花绽放的时间，天气转暖，刚刚度过漫长冬天的人们，迫不及待地来到郊外踏青。踏青起源于上巳节，多以迎接春天、沐浴祓禊（xì）、欢会、歌舞为主题。

## 放风筝

风筝起源于周代，已有两千多年历史，最初的风筝由木头制成，后改进为竹框糊纸制成，因此也称纸鸢（yuān）。南北朝时期，风筝是人们传递信息的工具；到了宋代，放风筝逐渐成为人们喜爱的户外活动。

## 曲水流觞

曲水流觞最早称为临水浮卵，将煮熟的鸡蛋放在河中，任其漂浮，捡到的人即可食用。后改为曲水流觞，在弯曲的水流上游放入酒杯，任其随波而下，酒杯停在谁面前，谁就要将杯中酒饮下，并赋诗一首。

## 射雁司蚕

上巳节还有射雁的习俗，即利用一种绑有丝线的箭射击野雁，射中后拉动丝线即可捉到野雁，人们将射到的野雁作为礼物送给亲朋好友。而在南方地区则开始采集桑叶，喂养蚕宝宝。

## 祓禊

祓禊是我国古代民俗，即每年上巳节在水边举行祭礼，洗濯去垢，消除不祥。古人认为，此时季节交替，人容易患病，在水边洗涤一番可以预防疾病。

中国节日

# 寒食节

寒食节也称禁烟节或冷节，在清明节前一两天，是中国传统节日中唯一以饮食习俗来命名的节日。寒食节起源于春秋时期，距今已有两千多年，曾被称为中国民间第一大祭日。节日习俗有禁火、吃冷食、祭祀、踏青等，后世发展中又加入了祭扫、踏青、荡秋千、蹴鞠（cù jū）、牵钩、斗鸡等风俗。现代，寒食节逐渐融入清明节中。

寒食节沿袭了远古时期的改火旧习，古人在春季进行隆重的祭祀活动，将上一年传下来的火种全部熄灭，称为禁火；然后利用火燧（suì）取得新火，作为新一年生产生活的起点，称为改火或请新火。禁火与改火之间有三日、五日或七日的间隔时间，在禁火的日子里，人们需要准备足够的食物，而这些食物都是冷的，因此称为“寒食”。

## 寒食

【唐】韩翃

春城无处不飞花，
寒食东风御柳斜。
日暮汉宫传蜡烛，
轻烟散入五侯家。

# 节日习俗与传说

### 禁火

寒食节禁止生火，都吃冷食。禁火起源有两种说法，一是春季天气干燥，容易引发火灾，因此要妥善管理火种，避免火灾发生；二是为了祭祀雨神，祈祷新的一年风调雨顺。

### 拜祖

古人拜祖时，一家人或一族人来到祖先坟墓处，致祭、添土、挂纸钱，然后将祭祀用品撒于坟顶滚下，用柳枝串起挂在高处，意思是沾染先祖德行。

## 净肠

寒食节有采摘野菜的习俗，既能锻炼身体，又能满足人们吃野菜尝鲜的欲望。古人认为，女子在寒食节出门赏春踏青，能够预防精神上的疾病；男子在寒食节缅（miǎn）怀先人，可以起到以悲克怒的作用。

## 介子推救主

春秋时期，晋国公子重耳流亡他国，介子推始终追随他，甚至在绝粮之际割下自己的肉给重耳充饥，后来重耳当上国君（晋文公）。介子推不愿为官与母亲归隐山林，晋文公放火烧山，介子推坚持不出，最终被火焚而死。晋文公为纪念介子推，下令在他死难之日禁火，以寄哀思。

## 饮食

寒食节饮食包括寒食粥、寒食面、寒食浆等，贡品有面燕、蛇盘兔、枣饼等。山西民间有寒食吃炒奇的习俗，炒奇是将面粉和好后用土炒制而成的。

中国节日

# 清明节

清明节又叫踏青节，在每年公历4月5日前后，是中国重要的传统祭祀节日之一，民间习惯在清明这天祭祖和扫墓。清明最早是二十四节气之一，始于周代，距今已有两千多年历史，后来清明与寒食节习俗相融合，逐渐发展为现代的清明节。

清明节与春节、端午节、中秋节一起称为中国四大传统节日。清明节前后，气温升高，降水增多，正是春耕的大好时节。2006年5月20日，经国务院批准，清明节列入第一批国家级非物质文化遗产名录。

## 节日起源

清明节起源于“墓祭”礼仪，古代帝王会在春季和秋季举行祭祀，后来民间效仿这项习俗，在清明这天祭祖扫墓，经过两千多年的传承，成为中华民族的固定风俗。

### 清明（节选）

【宋】黄庭坚

佳节清明桃李笑，
野田荒冢只生愁。
雷惊天地龙蛇蛰，
雨足郊原草木柔。

## 发展延续

清明最早作为节气名称出现，后来与祭祀祖先的寒食节逐渐融合，形成了现在我们熟悉的清明节。宋代以后，寒食节扫墓、蹴鞠、荡秋千等习俗全部融入清明节中。

### 植树

清明植树的习俗历史悠久，早在古代，就有春天植树的风俗。清明时节气候温暖、降水丰富，利于树苗成活，是植树的最佳季节。

### 放风筝

风筝最初是用来传递消息的工具，后来成为人们喜爱的户外活动，距今已有两千多年历史。据说剪断飞到空中的风筝的牵线，任凭风筝飞远，能够消除病痛，给自己带来好运。

### 扫墓

清明节扫墓的习俗由来已久，人们借此表达对祖先的思念和敬意。清明扫墓仪式应该是亲自到墓地拜祭，但由于一些条件的限制，祭扫方式有所区别，如今更有鲜花祭祀、植树祭祀等。

中国节日

# 端午节

端午节又称五月节、龙舟节、端阳节等，在每年农历的五月初五，与春节、清明节、中秋节并称中国民间四大传统节日。端午节起源于中国，楚国诗人屈原在这天跳汨罗江自尽，后人为了纪念他，把这天定为节日。2006 年端午节成为首批国家级非物质文化遗产；2009 年端午节成为中国首个入选世界非物质文化遗产的节日。

端有开头、初始的意思，每月有3个五日，第一个五日就是“端五”，因此端五即是初五。古人使用天干地支纪年，农历五月为“午月”，午与五通用，故端午与端五同义，即为农历五月初五。

## 节日起源

端午节的起源主要有四种说法；一是流传甚广的端午节起源于纪念屈原；二是闻一多先生认为端午节是古代百越族举行龙图腾祭祀活动的节日；三是认为端午节起源于恶日；四是认为端午节起源于夏至。

### 乙卯重五诗（节选）

【宋】陆游

重五山村好，
榴花忽已繁。
粽包分两髻，
艾束著危冠。

## 发展延续

战国时代，人们把五月初五视为恶日，直到隋唐时期，恶日已不恶，变成了充满欢乐的节日。宋代以后，端午节讲究贴天师符，做天师像。到了明清时代，端午节又吸收了射柳的风俗。

## 划龙舟

龙舟竞赛之前，首先要请龙、祭神。如广东赛龙舟，端午前从水下取出龙舟船体，祭祀海神后，安装龙头、龙尾，准备比赛。如今这些仪式已很少见了。

## 端午食粽

粽子又称角黍、筒粽等，是端午节的传统食物。到了现代，每到端午节，家家户户都要泡糯米、洗粽叶、包粽子。北方多包有小枣的枣粽；南方则有豆沙、鲜肉、火腿、蛋黄等多种馅料的粽子。

## 戴香包

香包又叫香囊、荷包等，用碎布缝制，内装白芷、艾草、菖蒲等香料，佩在胸前，香气扑鼻。香囊的形状多种多样，有梅花、桃子、荷花等，制作日趋精致，成为端午节特有的民间艺术品。

中国节日

# 七夕节

七夕节又名乞巧节、七巧节，在每年农历七月初七，是流行于我国的传统节日。相传七夕节这天夜里，女子在庭院摆设宴席，向织女星祈求智慧和巧手，故称为乞巧。七夕节起源于古代人们对大自然的崇拜和女子穿针乞巧，后来又被赋予了牛郎织女的传说，使其成为象征爱情的节日。

七夕节有穿针乞巧、陈列花果、吃巧果、拜织女等习俗，部分习俗甚至影响了日本、朝鲜、韩国、越南等国家。2006 年 5 月 20 日，七夕节被中华人民共和国国务院列入第一批国家级非物质文化遗产名录。

## 节日起源

许多年前，随着古人对天文知识的了解，已经出现了有关牵牛星和织女星的记载和传说。同时，“七”又与“吉”谐音，七月初七有双吉之意，是个吉利的日子。

### 秋夕

【唐】杜牧

银烛秋光冷画屏，
轻罗小扇扑流萤。
天阶夜色凉如水，
坐看牵牛织女星。

## 发展延续

七夕节自汉朝起源后，唐朝皇帝与妃子每逢七夕在宫中夜宴，宫女们则各自乞巧，这一习俗在民间也流传开来。宋元之际，京城中还有专卖乞巧物品的市场，称为乞巧市。后来牛郎织女的爱情故事被融入七夕节，于是每到七夕，女子们会在月光下祈求上天让自己像织女一样心灵手巧。

## 节日习俗

### 穿针乞巧

穿针乞巧是中国传统习俗之一，是最早的乞巧方式。七夕之夜，女子手拿五色丝线和连续排列的九孔针（或五孔针、七孔针），趁着月光将丝线穿入针孔中，将丝线快速全部穿入者，称为得巧。

### 拜织女

每到七夕节，女子们便约上朋友、邻居五六人，在月光下摆一张桌子，桌子上放置茶、酒、水果等祭品，又将鲜花、红纸插在瓶子中，花瓶前放一个香炉。焚香礼拜后，大家坐在桌前，朝着织女星的方向默念心事，祈求她让自己心灵手巧。

### 吃巧果

巧果又叫乞巧果子，在七夕乞巧食品中最为出名。制作巧果时，先将白糖溶于水化成糖浆，然后放入面粉、芝麻，揉和成面团后擀成薄片并切成方块，放入模具中按压成型，油炸至金黄色即可。

中国节日

# 中元节

中元节又称鬼节、七月半，在每年农历七月十五，与除夕、清明节、重阳节并称中国传统祭祖节日，中元节有放河灯、祭拜祖先等习俗。农历正月十五称上元节，即现在的元宵节；七月十五称中元节，是祭祀祖先的节日；十月十五称下元节，是拜祭水官的节日。

中元节原是民间用新米祭祀祖先，报告一年收成的日子，后来发展为上坟扫墓、祭祀祖先的节日。2010 年 5 月 18 日，文化部将中元节列入第三批国家级非物质文化遗产名录推荐项目名单。

## 节日起源

中元节的起源与中国古代的土地祭祀有关。民间有七月十五祭祀地官的习俗。传说地官掌管地狱之门，因此中元节是祭祀死去亲人的节日，后来成为中国民间最大的祭祀节日之一。

### 中元作（节选）

【唐】李商隐

绛节飘飖宫国来，
中元朝拜上清回。
羊权须得金条脱，
温峤终虚玉镜台。

## 发展延续

中元节是我国本土文化的产物，在民间备受推崇。民国时期的中元节比七夕节、清明节还热闹，祭祀祖先仍是中元节最重要的习俗。如今大家都推崇文明祭祀，也就减少了许多仪式。

## 节日习俗

### 祭祖

中元节祭祖仪式一般在傍晚举行，但并不局限于中元节这一天。祭祖时，要把先人牌位请出，恭敬地放到供桌上，再在牌位前焚香，直到农历七月三十送回。祭拜时，依照辈分和长幼次序，给每位先人磕头，祈求保佑自己平安幸福。

### 放河灯

古人认为中元节是鬼节，会放河灯为鬼庆祝节日。而现代的放河灯，已经成为一种娱乐项目。河灯也叫荷花灯，一般在底座安放灯泡或蜡烛，中元夜放入河中，任其漂流。

### 送羊节

中元节又称送羊节，羊通祥，代表吉祥之意。华北地区民间有中元节由舅舅给外甥送活羊的习俗，此风俗与沉香劈山救母的传说有关。沉香劈山救母后，二郎神为重修两家之好，每年七月十五送沉香一对活羊。

中国节日

# 中秋节

中秋节又称仲秋节、八月节、拜月节或团圆节，在每年农历的八月十五，是我国的传统节日之一。农历八月是秋季的第二个月份，称为仲秋，而十五日又是仲秋之中，所以称为中秋。中秋节始于唐朝，盛行于宋朝，有祭月、赏月、吃月饼、赏桂花等习俗。

中秋节的主要活动都是围绕月亮进行的，以月圆象征家人团圆，寄托了思念故乡、思念亲人之情。自2008年起中秋节被列为国家法定节假日。2006年5月20日，国务院将中秋节列入首批国家级非物质文化遗产名录。

## 节日起源

中秋节的起源与古代帝王在秋天祭祀月亮有关，早在春秋战国时期，帝王就开始祭祀月亮，后来被大臣模仿，逐步传到民间。农历八月是收获的季节，农民为了庆祝丰收，表达喜悦心情，就以中秋这天作为节日。

### 中秋月

【宋】晏殊

十轮霜影转庭梧，
此夕羁人独向隅。
未必素娥无怅恨，
玉蟾清冷桂花孤。

## 发展延续

魏晋时期就有了中秋节赏月的风俗，到了唐朝，中秋赏月的习俗盛行，中秋节开始成为固定的节日。宋朝正式将农历八月十五定为中秋节，并出现了节日食品——月饼。明清两朝除了赏月、吃月饼等习俗，又加入了放天灯、点塔灯、玩兔儿爷等习俗，一直流传至今。

# 节日习俗与传说

## 中秋拜月

古代拜月要设香案，摆放月饼、水果等祭品，全家人依次拜祭月亮。现代庆祝中秋则是家人围坐在一起吃团圆饭、分食月饼，但欣赏皓月当空的美景仍是中秋节必不可少的活动之一。

## 吃月饼

吃月饼是庆祝中秋节的饮食习俗，月饼最早出现于宋朝，最初只是一种点心。后来人们逐渐把赏月和月饼联系在一起，寄托了家人团圆、思念故乡的意思。

## 猜灯谜

灯谜是我国民间的艺术形式，也是一种智力游戏。中秋节的夜晚，街头巷尾挂着许多写有谜语的灯笼，人们聚在一起猜灯谜、赏月，到处洋溢着喜乐的气氛。

中国节日

# 重阳节

重阳节又称重九节、晒秋节，在每年农历的九月初九，是中国重要的传统节日。古人把九定为阳数，九月初九有两个九，因此称为重阳，是古代的吉利日子。重阳节习俗包括赏秋、登高祈福、赏菊、饮菊花酒、插茱萸（zhū yú）、吃重阳糕等。每到重阳佳节，全家人会一起出门踏秋，登高祈福。

重阳节早在战国时期就已经初具规模，到了唐朝正式成为节日，庆祝重阳的习俗一直延续至今。到了近代，重阳节被国家定为老人节，倡导全社会树立尊老、敬老、爱老、助老的风气。小朋友们也要注意尊重和帮助老年人。2006 年 5 月 20 日，重阳节被国务院列入首批国家级非物质文化遗产名录。

## 节日起源

重阳节起源于古代祭祀“大火星”的仪式，大火星是古人季节生产与生活的标志，秋季大火星的消失，意味着漫长冬季的到来，给古人带来了莫名的恐惧，因此人们会举行相应的祭祀仪式。现代重阳节仍有部分地区保留了祭灶的习俗，与古代的祭祀仪式遥相呼应。

### 九月九日忆山东兄弟

【唐】王维

独在异乡为异客，
每逢佳节倍思亲。
遥知兄弟登高处，
遍插茱萸少一人。

## 发展延续

重阳节起源于战国时期，但仅仅在皇宫中庆祝。汉朝重阳习俗传入民间，到了唐朝被正式定为节日，此后宫廷、民间共同庆祝这一节日。重阳习俗最初只有赏菊和饮酒，后来又加入了登高、插茱萸、吃重阳糕等。现代则将重阳节定为老人节。

# 节日习俗

## 登高

登高是重阳节的重要习俗，早在汉朝就有记录人们登高游玩的书籍。重阳正是金秋送爽、丹桂飘香的时节，这时登高远望能够健身祛病，令人心旷神怡。

## 插茱萸

重阳节插茱萸的习俗由来已久。茱萸有很浓的香味，能够入药，有驱虫去湿、祛除风邪、消积食、治寒热的作用。古人认为农历九月初九是逢凶化吉的日子，因此喜欢在重阳节佩戴茱萸，以求辟邪祈福。

## 老人节

1989 年，我国政府将重阳节定为老人节，丰富了重阳节的活动内容。每到重阳佳节，各地都会组织老年人登山秋游，达到交流感情、锻炼身体的目的。同时让老人们回归自然，感受祖国的大好河山。

# 寒衣节

寒衣节又称祭祖节，在每年农历十月初一，是我国传统的祭祀节日，相传起源于周代。寒衣节标志着严冬的到来，是为亲人送御寒衣物的日子。古人在寒衣节这天祭祀祖先，除了香烛、纸钱等祭祀物品，还会准备用五色纸制成的寒衣，称为送寒衣，后来送寒衣逐渐演变为送纸钱的习俗。

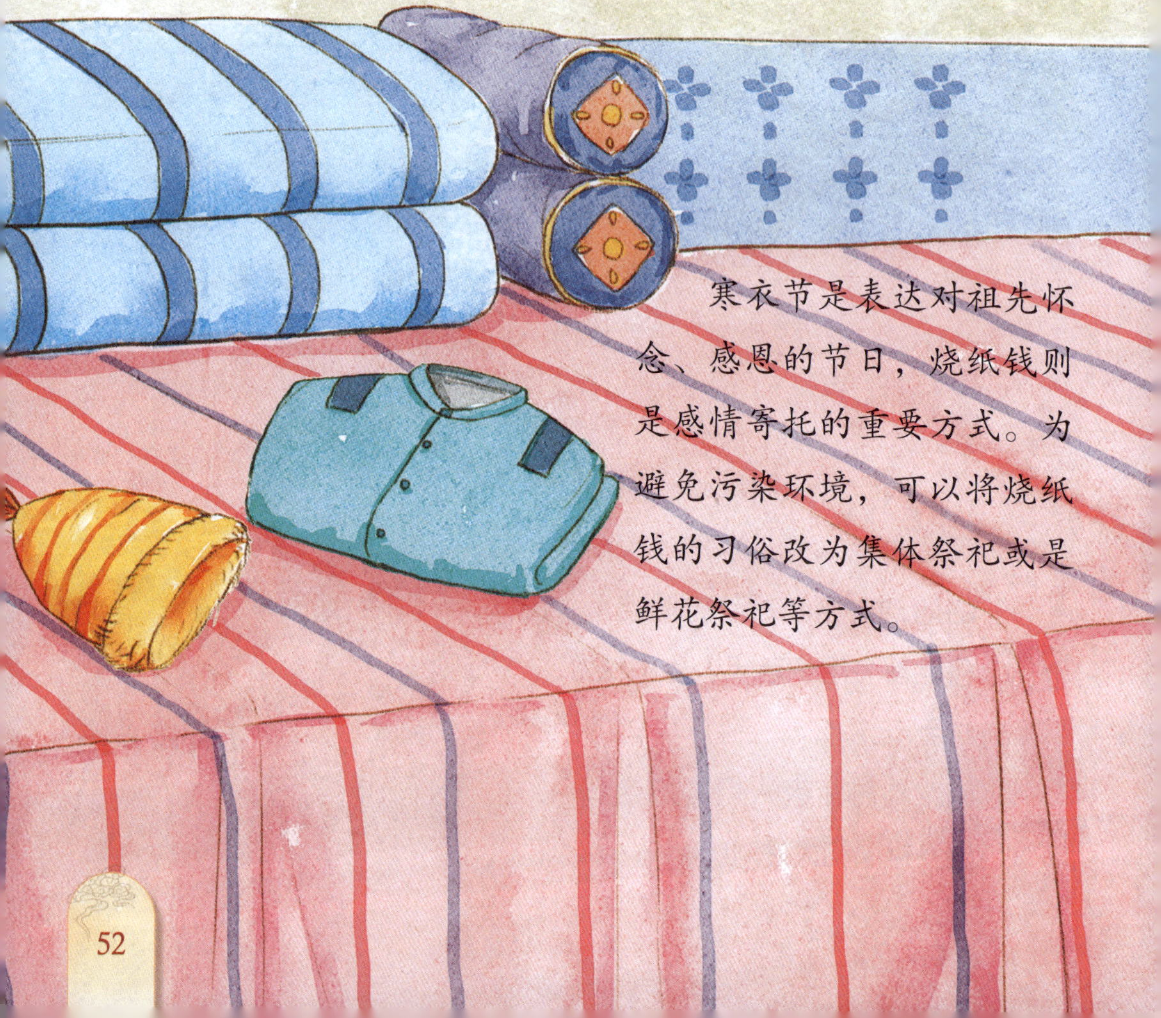

寒衣节是表达对祖先怀念、感恩的节日，烧纸钱则是感情寄托的重要方式。为避免污染环境，可以将烧纸钱的习俗改为集体祭祀或是鲜花祭祀等方式。

## 节日起源

寒衣节起源于周代，最初是用猎物做祭品，进行隆重祭祀的日子，称为猎祭日。这天，天子要祭祀众神、祖先，慰劳农人，还要颁布新的作息制度。

### 相和歌辞·怨诗

【唐】张汯

去年离别雁初归，
今夜裁缝萤已飞。
征客去来音信断，
不知何处寄寒衣。

## 发展变革

唐朝逐渐形成了寒衣节祭祀送衣的习俗，但时间定在农历九月，到了宋朝，改为农历十月。而送寒衣一词，直到明、清两朝才逐渐被民间使用。

## 送寒衣

寒衣的制作非常简单，一般是用红、黄、蓝、白、黑五种颜色的纸制成，有的中间还夹有棉花。带上准备好的寒衣、冥（míng）币，一家人就可以去祭祀祖先了。

## 试穿冬衣

寒衣节不仅要为亡人送寒衣过冬，生者也会进行一些迎接冬季的活动。人们在这天将棉衣拿出，换下秋季的衣服。如果此时天气暖和，不适宜穿棉衣，也要试穿一下，图个吉利。

## 孟姜女千里送寒衣

传说秦朝有一个美丽的女子叫孟姜女，她的丈夫被抓去修筑长城，孟姜女千里寻夫送寒衣，却发现丈夫已死，被埋在城墙里。孟姜女在长城边昼夜痛哭，终于感动天地，哭倒长城，露出丈夫尸骨。最后孟姜女怀抱丈夫尸骨，跳海而亡。

# 下元节

下元节又称下元日，在每年农历十月十五，与上元节、中元节同为传统的道教节日。下元节是道教中水官的生日，也是为民解厄之日，民间庆祝下元节寄托了人们向往幸福生活，化解困境、苦难的美好愿望。

下元节处于初冬时节，气候的变化使人们更加思念逝去的亲人。同时，秋天农作物收获之后，为了感恩先人，人们选择在下元节祭祀祖先。因此，下元节逐渐演变成一个怀念先人、祭祀祖先的节日。

## 节日起源

下元节作为道教的传统节日，最初的目的是祭祀水官、祈福解困。此时正是收获的季节，家家户户用新磨的糯米粉制作包有素菜馅的小团子，蒸熟后摆在大门外斋天，祭祀诸天神仙。

### 下元日五更诣天庆观宝林寺（节选）

【宋】陆游

楼外晓星犹磊落，
山头初日已苍凉。
鸣驺应有高人笑，
五斗驱君早夜忙。

## 发展延续

随着时间的流逝，下元节由祭祀水官，演变成一个怀念先人、祭祀祖先的节日。后来，下元节逐渐衰落，将祭祀祖先、送纸钱等仪式提前到中元节时举行了。

# 节日传统

## 修斋设醮

修斋也叫打斋，即消灾祈福的宗教仪式；设醮指建立道场祈求福祉。下元节这天是道教规定的修斋日期之一。道教认为为新的一年祈福要修斋。

## 祭祀祖先

下元节这天，民间会准备丰盛的菜肴祭祀祖先。对祖先的祭祀起源于古老的灵魂信仰，古代人认为万物均有灵魂，肉体可以死亡，灵魂永远活着，这种灵魂观使祭祀祖先的习俗盛行。

## 节日服饰

下元节是一个严肃的民族节日，此时所穿的服饰应该与节日氛围相符。男子可以穿色调庄重、低沉的深衣常服，女子可以穿色调较深的深衣、襦（rú）裙等。

中国节日

# 腊八节

腊八节也称腊八，在每年农历十二月初八，农历十二月也叫腊月，腊八节便因此得名。古人有腊八祭祀祖先、神灵，祈求丰收的传统，一些地区有喝腊八粥、吃腊八蒜的习俗。

早在先秦时期就产生了在岁末进行的腊祭，腊有3层意思：一是新旧交替，迎接新年；二是用打来的猎物祭祖、祭神；三是祛除疫（yì）病，迎接春天的到来。腊祭是中国古代重要的冬日祭祀，是一年中规模最盛大的祭典。现代则逐渐简化，只剩下部分饮食习俗得以保留。

## 节日起源

腊八节起源于周代，最初称为腊日。腊祭一般在农历十二月举行，日期并不固定，直到南北朝时期才将日期固定在腊月初八。

### 十二月八日步至西村（节选）

【宋】陆游

腊月风和意已春，
时因散策过吾邻。
草烟漠漠柴门里，
牛迹重重野水滨。

## 发展延续

宋朝除了举行祭祀外，还为腊八节加入了喝腊八粥的习俗，最初是皇帝在腊月初八这天给群臣赏赐腊八粥，后来逐渐流传到民间。这项习俗经过元、明、清三朝，一直流传至今。

## 腊八粥

腊八节喝腊八粥的习俗起源于宋朝，距今已有一千多年。腊八粥的用料包括大米、小米、糯米、红豆、绿豆、红枣、花生、莲子、枸杞子、葡萄干等，不仅是时令美食，更是养生佳品。

## 腊八蒜

北方有腊八节制作腊八蒜的习俗，即在腊月初八这天用醋泡制大蒜。将剥了皮的蒜瓣儿放在密封的容器里面，然后倒入醋，封口后放在阴凉干燥的地方。泡在醋中的蒜瓣儿会慢慢变绿，一段时间后就可以吃啦。

## 腊八豆腐

腊八豆腐是安徽省的民间传统小吃。腊八这天，将豆腐切成块状，抹上食盐，放在太阳下慢慢晒干，使盐分逐渐被吸收，水分逐渐被晒干。腊八豆腐可制作凉菜、炖菜，是美味的腊八食物。

中国节日

# 小年

小年又称祭灶日，在各个地区有着不同的日期，北方地区是每年的农历腊月二十三，南方地区则是腊月二十四，还有部分地区把除夕前一天或正月十六称为小年。小年也是民间祭祀灶王的节日。

小年期间主要的民俗活动有贴窗花、扫尘、祭灶等。小年的到来意味着人们开始准备年货，将自己和家里收拾干净准备迎接新年，表示新年要有新气象，表达了人们辞旧迎新、迎祥纳福的美好愿望。

福
春

## 节日起源

小年是民间传统的祭灶日，传说灶王每年农历腊月二十三或二十四上天汇报人间功过，百姓为了表示对灶王的敬重，会在小年这天祭拜灶王，祈求新一年的平安和财运。

### 小年

【宋】文天祥

燕朔逢穷腊，江南拜小年。
岁时生处乐，身世死为缘。
鸦噪千山雪，鸿飞万里天。
出门意寥廓，四顾但茫然。

## 发展延续

小年祭灶的习俗由来已久，直到唐宋时期才固定在农历十二月二十四进行祭祀。到了明代，小年的日期逐渐产生分歧。但是无论在哪天庆祝小年，人们辞旧迎新的愿望都是一致的。

## 节日传统

### 祭灶王

传说每到小年，灶王都要上天汇报百姓一年的善恶行为，因此祭灶时人们在灶王像前放置糖果、清水、料豆；同时还要把关东糖用火熔化，涂在灶王爷嘴上，这样他就不能讲坏话了。

### 扫尘土

小年除了祭灶，还要彻底打扫室内的尘土，俗称扫尘，扫尘的目的是除旧迎新、祛除不祥。家家户户擦玻璃、扫灰尘，还要贴年画、贴窗花等。

### 沐浴理发

小年这天每个人都要沐浴、理发。民间有正月不能理发的习俗，因此人们会在小年把头发打理干净，沐浴更衣，准备迎接新年。

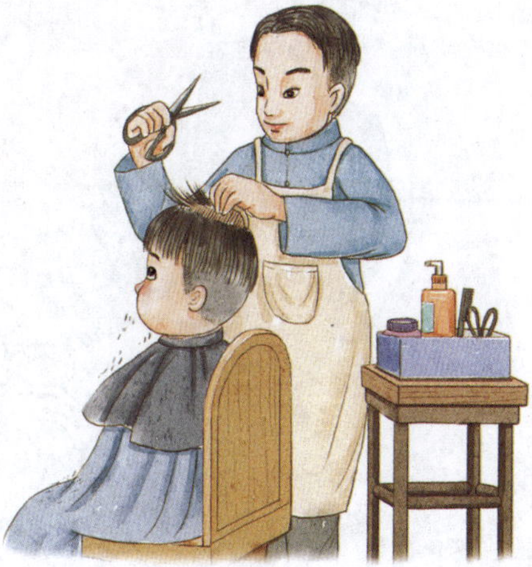

中国节日

# 除夕

除夕又称大年夜、除夜、岁除等，在每年农历十二月的最后一个晚上，是历史悠久的传统文化节日。除有去除的意思，因此除夕是辞旧迎新、消灾祈福的节日。

除夕自古就有吃年夜饭、守岁、贴春联、发压岁钱等习俗，和传统文化一起流传至今。受汉文化的影响，除夕也是世界各地华人华侨的传统节日。

## 节日起源

自秦代开始，人们会在新年的前一天用击鼓的方式驱逐“病疫之鬼”，后来经过时间的打磨和习俗的变化，逐渐演变为除夕。关于除夕最早的记录出现在西晋的书籍中。

### 除夕

【明】文徵明

人家除夕正忙时，
我自挑灯拣旧诗。
莫笑书生太迂腐，
一年功事是文词。

## 发展延续

到了宋朝，除夕这天家家户户扫屋除尘、换门神、钉桃符、贴春牌，祭祀祖先、祈求平安，这些习俗和现代非常相似，传统节日习俗经过一代代的传承，被赋予了丰富的文化内涵。

# 节日传统

## 年夜饭

除夕的年夜饭也叫团圆饭，北方年夜饭常包括水饺、鱼和年糕等，南方则多有鸡、烧肉、发菜等，取富贵有余、发财高升之意。一年一度的年夜饭让家家户户得以团聚，大家相互诉说喜悦之情。

## 压岁钱

古人发压岁钱要用红绳把新的铜钱穿成各种形状，有长命百岁、富贵有余的含义。现代的压岁钱一般用精致的红包装上崭新的钱币，然后分给孩子，讨个红红火火的好彩头。

## 守岁

守岁是一项古老的习俗，即除夕这天彻夜不眠。传说守岁是为了防范一种叫“岁”的怪兽，这种怪兽害怕火光、红色和声响，因此人们在除夕夜穿红衣、点红灯、放烟花爆竹，慢慢地就有了守岁的习俗。

中华文化
探索之旅
启迪
文化传承
启智润心 传承千年文化
乐享
国学剧场
生动放映 娓娓道来
筑造
传统美德
先贤智慧 照亮成长之路
制胜
国学殿试
思辨真理 挑战国学智慧
扫码开启

从古至今看中国

# 中医启蒙

李济同◎主编

扫码获得

文化传承
国学剧场
传统美德
国学殿试

吉林科学技术出版社

图书在版编目（CIP）数据

中医启蒙 / 李济同主编. -- 长春 : 吉林科学技术出版社, 2025. 3. --（从古至今看中国）. -- ISBN 978-7-5744-1859-2

Ⅰ. R2-49

中国国家版本馆CIP数据核字第2024PQ9192号

**从古至今看中国　中医启蒙**

CONG GU ZHI JIN KAN ZHONGGUO　ZHONGYI QIMENG

# 目　录

中医启蒙

# 传统中医

中医是一门古老而神秘的医学，它说人体和自然是不可分割的整体，并且分为阴阳两部分，就像白昼和黑夜。阴阳要保持平衡，才能让我们的身体保持健康。

在约公元前3000年的古代中国，人们也会生病，在与疾病斗争的过程中，人们逐渐分析总结出了吃什么会让人生病，什么植物可以止痛并且可以治疗疾病等。那个时候，有一个叫黄帝的人，他很聪明，他用自己的智慧和独特的方式发明了很多治病救人的方法，这也就是最初中医的雏形。

## 起源

在黄帝时代，中医理论开始形成。实际上，《黄帝内经》并不是一个人所作，是历代医家相传而来。这本书是古代写成的最早的医学书籍，它总结了古人对人与自然科学的认知，奠定了中医学的理论基础。

《黄帝内经素问灵枢合编》

——明 顾从德 翻刻影宋本

### 黄帝内经·灵枢（节选）

【汉】佚名

五行以东方甲乙木王春，春者苍色，主肝。肝者，足厥阴也。今乃以甲为左手之少阳，不合于数何也？

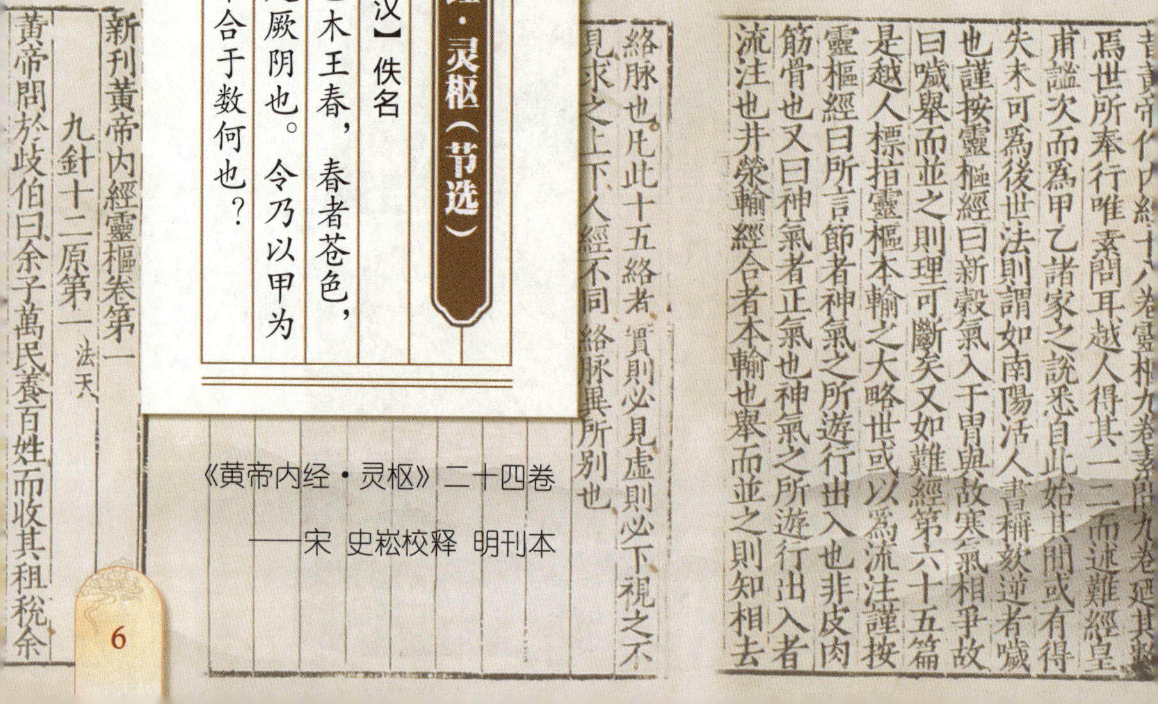

焉世所奉行唯素問耳越人得其一二而述難經皇
甫謐次而爲甲乙諸家之說悉自此始其間或有得
失未可爲後世法則謂如南陽活人書稱欬逆者噦
也謹按靈樞經曰新穀氣入于胃與故寒氣相爭故
曰噦舉而並之則理可斷矣又如難經第六十五篇
是越人標指靈樞本輸之大略世或以爲流注謹按
靈樞經曰所言節者神氣之所遊行出入也非皮肉
筋骨也又曰神氣者正氣也神氣之所遊行出入者
流注也井滎輸經合者本輸也舉而並之則知相去

絡脉也凡此十五絡者實則必見虛則必下視之不
見求之上下人經不同絡脉異所別也

新刊黃帝內經靈樞卷第一
九針十二原第一 法天
黃帝問於岐伯曰余子萬民養百姓而收其租稅余

《黄帝内经·灵枢》二十四卷

——宋 史崧校释 明刊本

## 辨证论治

中医通过观察、嗅听、询问和切脉等方法去寻找体表外的症状、体征，从而推测体内脏腑的病证，辨清病因、性质和位置来给出对应的治疗方法。辨证施治，包括辨证和论治两个过程，是中医认识疾病和治疗疾病的基本原则。辨证是治疗的前提和依据。论治则是治疗疾病的手段和方法。所以辨证论治的过程，实质上是中医分析疾病和治疗疾病的过程。

## 治疗手段

**中药**　用于预防、治疗疾病并具有康复与保健作用的物质。中药主要来源于天然的动植物、矿物及其加工品。由于其中以植物药居多，故中药有“诸药以草为本”的说法。

**针灸**　针灸是针法和灸法的总称，中医按体表经脉循行常用穴位针灸，根据病情的不同和穴位的不同而选取不同的进针手法、深度及角度。

**拔火罐**　用罐状器，借火热的作用，使罐中产生负压，吸附在皮肤的穴位上，造成局部充血、瘀血来治疗疾病的一种方法。

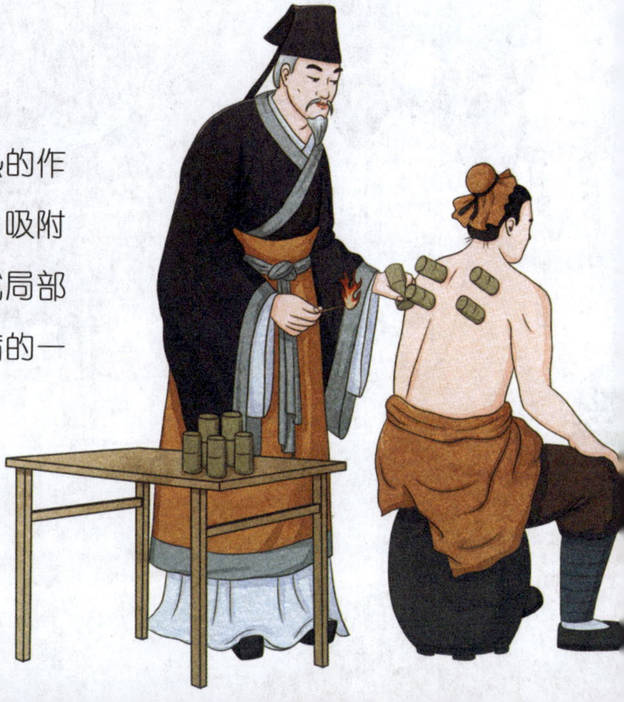

## 推拿

医者在病患体表的特定位置上运用推、拿、提、捏、揉等手法进行治疗。推拿是一种不使用药物的物理疗法，通过不同的手法和力道，能够达到疏通经络、推行气血、扶伤止痛、祛邪扶正的疗效。

## 发展与影响

到了现在，中医学这门“魔法”已经让越来越多的人体会到了它的神奇，越来越多的外国人都慕名而来，在我们国家学习中医学，我们国内的中医也会去国外帮人们治病，中医学已经变成了全世界人们都关注的话题。

中医启蒙

# 针灸

针灸是中医的一种医疗手段。针灸理论认为，人体如同一个由各种经络连接起来的小宇宙，通过物理方法刺激穴位经络，就有可能促使人体恢复平衡。刺激方法包括用艾绒点灸或用针刺经络穴位，以达到预防和治疗疾病的目的。

针灸最早见于《黄帝内经》一书。《素问·异法方宜论》云："故灸焫（ruò）者，亦从北方来……故九针者，亦从南方来。"便是指灸术，其中大量记述了针灸的理论与技术。几千年来针灸疗法一直在中国流行，并传播到了世界。

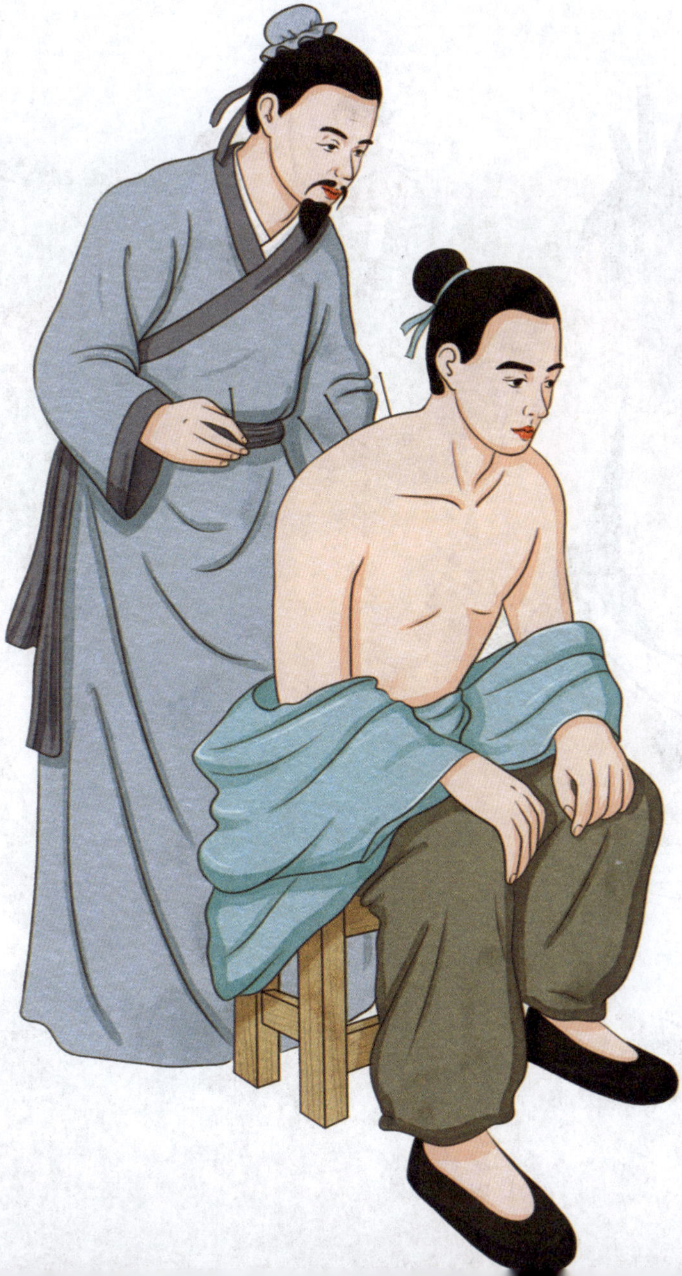

## 起源

在石器时代，我们的祖先学会了使用工具，他们惊奇地发现刺痛身体的一处，可以让身体的另一处感到舒服，所以他们在身体不舒服时开始用工具寻找并按压使身体感到舒服的位置，这也就是针法的起源。

# 针法

## 砭石

砭石是最早出现的"针"。它不仅能刺激身体，还能切开伤处排脓，所以也叫针石。"砭而刺之"发展为针法。

## 九针

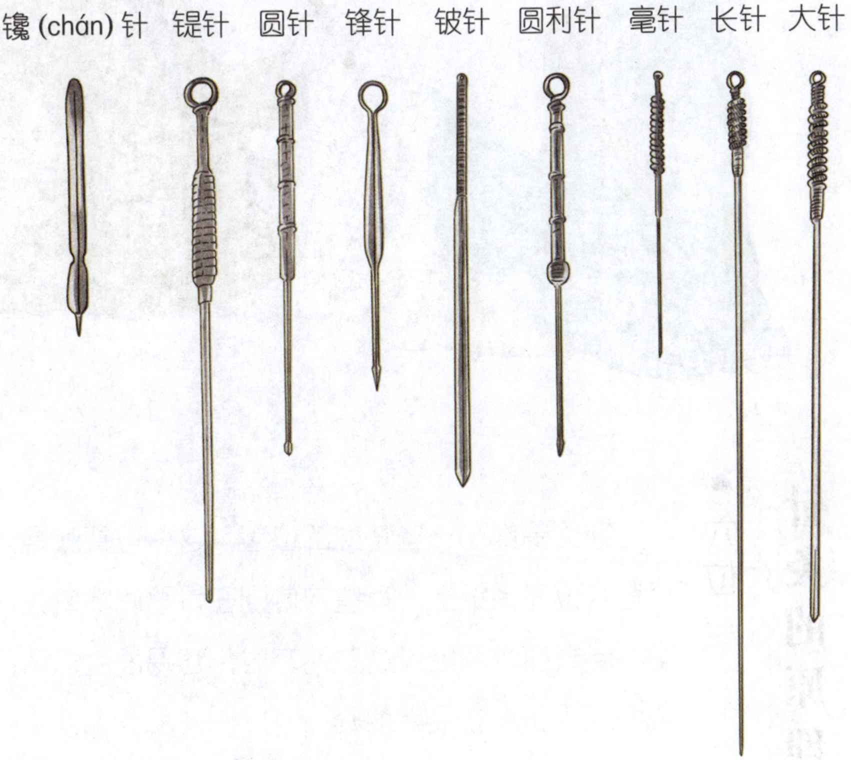

## 灸法

古人用兽皮或树皮包裹烧热的石块、砂土等进行热熨；后来有人燃烧树叶、竹子等烧灸穴位；再后来，艾草因为易燃烧、气味芳香、易获取而成为烧灸的主要材料。“热而熨之”发展为灸法。

## 针灸的原理

### 穴位

针灸要施在一些特殊的位置，这些位置就是穴位。有些穴位在经络上，有些穴位则在骨骼间隙或关节凹陷里。当气血津液经过这些地方时，容易发生滞留，而针灸可以帮助穴位保持通畅。

## 经络

在中医理论中，人体里有一些贯穿全身的通路叫经络。在线路上还有一些分支，分支上有更小的分支叫络脉。正是有了经络，五脏六腑和皮肉筋骨才能连接在一起。

## 针灸铜人

北宋时，太医局翰林医官王惟一主持设计铸造了针灸铜人，铜人的大小与真人差不多。铜人有 354 个穴孔，里面装上水，平时用黄蜡封着。老师考核学生时，学生如果扎中穴位，水就会流出来。这是中国最早的医学教学模具。

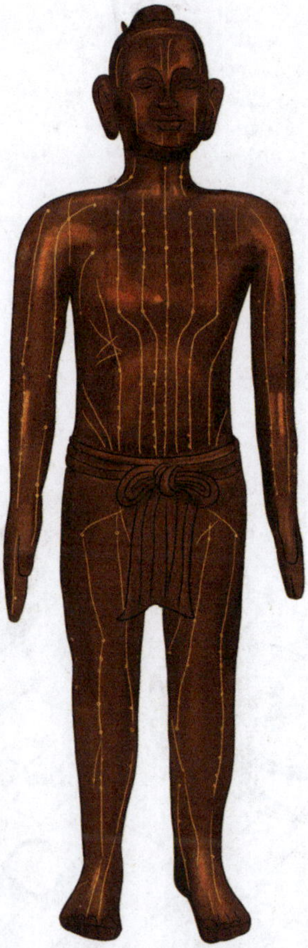

## 意义及影响

针灸在应用和发展的过程中，具有鲜明的中国文化与地域特征，是我国民族文化的宝贵遗产。2010 年，中医针灸成功列入联合国教科文组织《人类非物质文化遗产代表作名录》，使早已满载传奇的针法和灸法为更多世人所知。

中医启蒙

# 中药本草

本草实际上是我国古代药物学的代称。因为中药主要以草为主，所以中药古籍也常常用本草来称呼。

古代人为了治病，积极地采摘、炮制草药，促进了本草学的诞生。

## 起源

相传远古时期，神农氏尝百草。他尝了成百上千种植物，慢慢地发现了一些可以治病的植物，这就是神农尝百草的传说，也被视为中药的起源。随着后来的人们不断尝试和总结，草药的相关知识逐渐积累，就有了《神农本草经》。

## 采摘

每种中草药的产地以及土壤、气候对其有效成分的影响较大。综合考虑有效成分的积累量、药材产量和药理功效等因素，结合用药习惯适时采摘，才能得到理想的药材。

### 采白术

【宋】梅尧臣

吴山雾露清，群草多秀发。
白术结灵根，持锄采秋月。
归来濯寒涧，香气流不歇。
夜火煮石泉，朝烟遍岩窟。
千岁扶玉颜，终年固玄发。
曾非首阳人，敢慕食薇蕨。

## 净制

除去药材中的杂草、泥沙及非入药的部分。根据不同品种的不同要求，有的需要刮去外皮，有的应削去粗皮，有的要除去芦头、须根和残留枝叶等。

**切制**

一些根茎类和果大不易干透的药材趁鲜切成片、块或段，再进行干燥；树皮类药材切成块或片或卷成筒。

**干燥**

干燥的目的是便于药材长期贮存备用，干燥加工时尽量保持生药的外观、气味和有效成分的含量不变。

**火制清炒**

将药物置锅中不断翻动，以便于粉碎加工，并具有缓和药性的作用。根据炒的时间和温度分为微炒、炒黄、炒爆、炒焦、炒炭五种。

## 蒸制药物

利用水蒸气加热药物，有增强药物疗效、缓和药性的作用。分清蒸和辅料蒸两种方法。蒸制的目的在于改变或增强药物的药性，降低药物的毒性。

## 蜜炙

将蜂蜜置锅内加适量清水搅拌，加热溶化，待蜜炼至冒花时，即可放入药材，不断翻拌，炒至蜜汁吸尽，以不沾手为度。或将炼蜜加 30% ~ 40% 的开水稀释后，与药材拌匀，稍闷，置锅内，用文火炒至蜜汁吸尽，以不沾手为度。

## 膏药贴

将煮至浓稠状的膏药涂于硬纸或硬布上，放凉后入袋存放。用时将膏药温热化开敷于患处。

## 丸药

将做好的面团样软药材用手工或制丸板做成一定量的、光滑的球形丸粒。制成的药丸可采用蜡纸、蜡壳包好贮存于阴凉干燥处。

## 本草纲目

明朝时期，杰出医学家李时珍致力于研究草药。他深入了解民间传统，游遍大江南北，汇集大量的民间医方。经过二十多年的努力，李时珍成功完成了《本草纲目》。这部巨著系统地整理了我国的中草药资源。该著作五十二卷，共记录中草药物千余种。内容极其丰富。

自十六世纪西方人接触《本草纲目》以来，这部医学巨著就受到了广泛关注。它被翻译成多种语言版本，在海外刊物上经常被引述。李时珍对中国医学的国民化、现代化、国际化有重要贡献。

中医启蒙

# 方剂

方指医方，剂指调剂。中国古人很早便已使用单味药物治疗疾病。经过长期的实践，又学会了将几种药物配合起来，经过煎煮制成汤液，即是最早的方剂。方剂是治法的体现，应用“君臣佐使”等组方原理，将中药配伍组合使用。

方剂在使用过程中必须根据病证的不同阶段，病情的轻重缓急，患者的年龄、性别、职业，以及气候和地理环境做相应的调整，才能达到治疗的目的。方剂是按照处方原则为某一位患者专门调制，并且明确指出用法用量的药剂。方剂不同于制剂，是在中医理论的指导下辨证审因，选择合适的中药，按组方原则，酌（zhuó）定用量、用法，妥善配伍而成。

## 方剂分类

历代医家对方剂分类进行过多种探讨和尝试。按病证分类的方法历史最为悠久，《五十二病方》就是现今出土的最早按病证分类的方书，这种分类方法便于临床查找应用。按证候分类的方书首推《伤寒论》，内将方剂按太阳、阳明、少阳、太阴、少阴、厥阴等六经证候变化分类，突出了中医辨证论治的思想。

### 梁书·陆襄传（节选）

【唐】姚思廉撰

襄母尝卒病心痛，医方须三升粟浆，是时冬月，日又逼暮，求索无所，忽有老人诣门货浆，量如方剂。

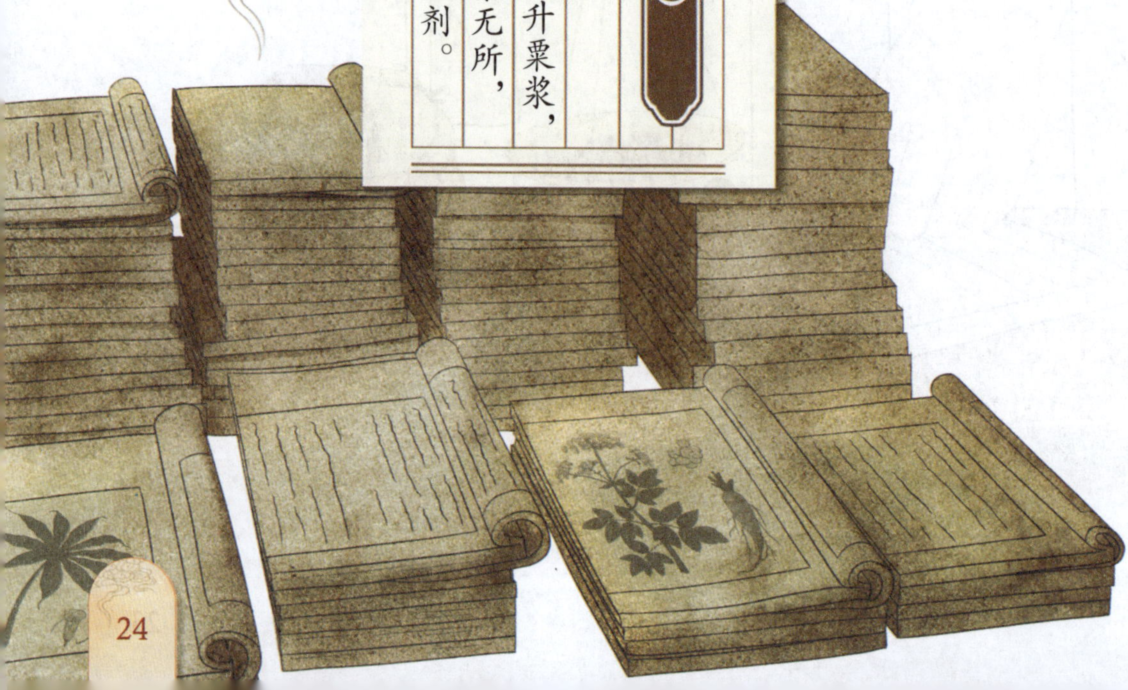

# 方剂组成

## 君药

君药是方剂中针对主证起主要治疗作用的药物，是必不可少的主药。比如在很多药方里，何首乌是君药。

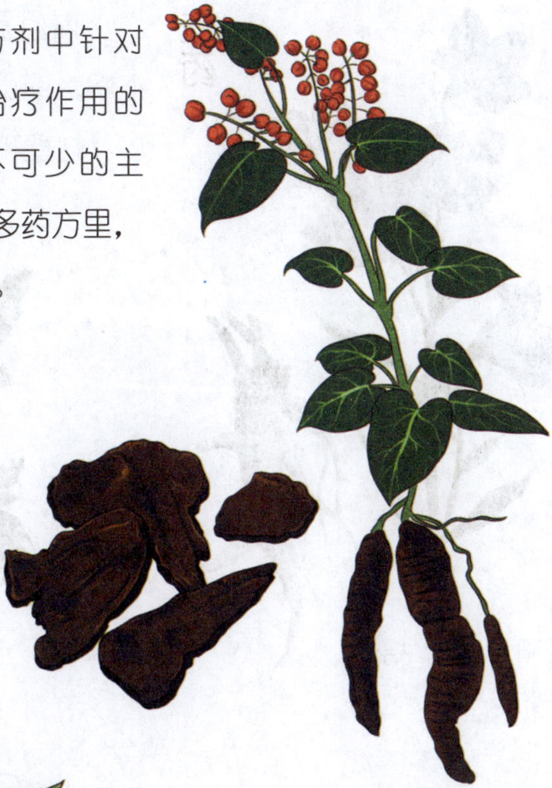

何首乌

苍术

## 臣药

臣药是协助君药的，能加强君药的疗效以增强治疗作用。比如苍术就常作臣药。

## 佐药

佐药是协助君药治疗兼证或次要症状，或反佐用来降低君药的不良反应。桔梗和黄连经常充当佐药。

桔梗

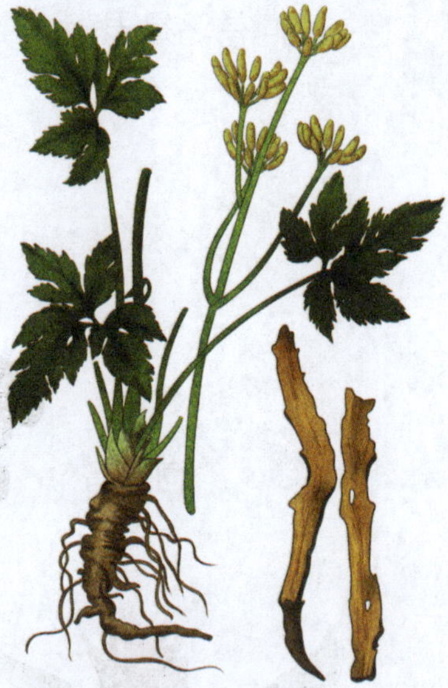

黄连

## 使药

“使”就是使者的意思。使药引方中诸药直达病证所在，或调和方中诸药。甘草就经常充当使药。

甘草

## 发展历程

在东周秦汉之际，方剂学科已经形成。随后出现了一些经典名方。历经百年临床应用，证明经典方剂组成简练、选药精当、配伍法度严谨。随着经济、科技与文化的进步，方剂学发展到新的高度。北宋年间颁行全国第一部成药药典。明清时期形成鸿篇巨著，如官修《普济方》，是现存我国古代收录方剂最多的方剂大全。

## 传播影响

丰富的医学典籍促成中医药文献的大量输出。历史上刊行了大量影响深远的医书：中医学经典著作《黄帝内经》《神农本草经》《黄帝八十一难经》《伤寒杂病论》；将传染病的防治提高到一个新高度的《温疫论》；解剖学相关的《欧希范五脏图》《存真图》……这些中医药典籍，为守护人类的健康发挥了重要的作用。

# 四诊法

四诊法是中国古代战国时期的名医扁鹊根据民间流传的经验和自己多年的医疗实践，总结出来的诊断疾病的四种基本方法，即望诊、闻诊、问诊和切诊，总称“四诊”，古称“诊法”。

四诊法的基本原理是建立在整体观念和恒动观念的基础上的，是阴阳五行、藏象经络、病因病机等基础理论的具体运用。它自创立以来，得到了不断的发展和完善。

起初中医看病的方式是三部九候诊法，就是要查看全身许多经脉的情况来判断病情，十分麻烦，而扁鹊靠手腕上的经脉就可以判断病情。扁鹊当时曾游走各国，因此学会内、外、妇、儿、五官等科的治疗方法，是当之无愧的全科医生。

## 黄帝八十一难经（节选）

【战国】佚名

望而知之谓之神，
闻而知之谓之圣，
问而知之谓之工，
切脉而知之谓之巧。

**望诊**

望就是用肉眼观察病人的神色、形态及排泄物，以此来推断病因。

**闻诊**

闻就是听病人说话、呼吸、咳嗽时的声音，以及闻病人散发出来的气味。

**问诊**

问就是询问病人和病人家属，了解病因、病史等。

**切诊**

切就是切脉，用手指切按病人的桡动脉处，感觉病人脉搏的频率、强度、节奏等，了解病人身体的内在状况。

## 特点及原理

四诊法具有直观性和朴素性的特点。医者能够直接获取病患信息，即刻进行分辨并做出判断。四诊法的原理建立在整体和恒动观念的基础上，对阴阳五行、藏象经络、病因病机等基础理论的具体运用。

## 传播影响

扁鹊用一生的时间，为治病救人努力奔走，对中医有卓越的贡献。扁鹊的医学经验，对中医发展有较大影响。因此，中医学界把扁鹊尊为我国古代医学的祖师，称为“医祖”。

中医启蒙

# 华佗

华佗是东汉末年著名医学家，他为中国的医学发展作出了很大的贡献。“圣手”，是对擅长某种技能并有突出成就者的尊称。华佗被称为“外科圣手”，这是因为他擅长做手术并发明了最早的麻醉药物，推动了中医的进步。

## 针灸术

华佗在针灸上有精湛的技术，其特点是取穴精简，扎针深，注意针感传导，因此能够有显著的疗效。他根据医疗实践经验，提出了“挟脊相去一寸（以脊椎骨为正中，旁开各五分）”取穴新方法。据现代解剖生理来看，华佗的取穴方法，是接近于脊椎两旁的交感链，如在这个部位扎针，既确保安全，又能取得较好的针刺效果。这种取穴方法是华佗的发明创造，后世人为了纪念他，将穴位命名为“华佗挟脊穴”。目前临床上仍为广大医务人员所采用。

## 行医历程

黄疸病流行较广时，华佗花了三年时间对茵陈蒿的药效作了反复试验，决定用春三月的茵陈蒿嫩叶施治，救治了许多病人。民间因此而流传一首歌谣：“三月茵陈四月蒿，传于后世切记牢，三月茵陈能治病，五月六月当柴烧”。华佗还以温汤热敷，治疗蝎子螫（shì）痛；用青苔炼膏，治疗马蜂螫后的肿痛；用蒜齑（jī）大酢（cù）治虫病；用紫苏治食鱼蟹中毒；用白前治咳嗽；用黄精补虚劳。这些方法，既简便易行，又收效神速。

## 医疗体育

### 五禽戏

华佗除了擅长外科手术，他在医疗体育方面也有着重要贡献，他创编了一种锻炼方法，叫作“五禽戏”，一叫虎戏，二叫鹿戏，三叫熊戏，四叫猿戏，五叫鸟戏，也可以用来防治疾病，同时可使腿脚轻便利索。

**自和**

【宋】梅尧臣

陶公种五柳，华氏戏五禽。
达性与养生，共得古人心。
佳果能御暑，致之意何深。
河朔存故事，助饮莫惮斟。

华佗生活的时代是在东汉末年。那时社会动荡，诸侯割据，互相攻伐兼并，加上水旱成灾，疫病流行，人民处于水深火热之中。目睹这种情况，华佗非常痛恨作恶多端的封建豪强，十分同情受压迫、受剥削的劳动人民。为此，他不愿做官，宁愿到处奔跑，为人民解脱疾苦。

华佗看病不受症状表象所惑，不滥用药物，并且重视预防保健，“治人于未病”。他还善于观察自然生态，教人调理身体。但对于病入膏肓的患者，则不加针药，坦然相告。

## 意义及影响

华佗是中医学史上为数不多的杰出外科医生，他善用麻醉、针、灸等方法，并擅长开胸破腹的外科手术。中医外科远在汉代，就曾经达到过相当高的水平。

据说华佗也曾写成一部医书，名叫《青囊书》可惜后来失传，但他的学术思想却并未完全消亡。后人对一些名医常用“华佗再世”来形容，足见华佗在人们心中的地位。华佗的“麻沸散”是中医史上的不朽（xiǔ）丰碑，同时也对世界医学产生了深远的影响。

# 张仲景

张仲景，东汉末年著名医学家。人称“医圣”。他刻苦学习，广泛收集医方，写出了传世巨著《伤寒杂病论》。书中提出的“辨证论治”是中医的基本原则，就是根据不同的症状采用对应的治疗方法。此方法是中医的灵魂所在。

《伤寒杂病论》作出了巨大的贡献，创造了六经辨证以及很多药方类型，记载了大量有效的药方。张仲景开创了有了治病办法就有相应药方的时代。

那时，做官的不能进入民宅，可是这样就不能为百姓看病。于是张仲景想了一个办法，每月初一和十五两天，大开衙门，让百姓进来，他坐在大堂上，为百姓诊治。“坐堂大夫”这个称谓就是后人用来纪念张仲景的。

**赠医者张生**

【明】王世贞

吾怜张仲景，
卖药不论钱。
白屋人偏起，
青囊手自编。
獭从针底失，
蛇向壁间悬。
欲识仓公姓，
还凭太史篇。

有一年冬天，天气异常寒冷，很多百姓因此冻伤了耳朵，张仲景便把中草药包起来捏成耳朵的形状，煮成一锅汤药，人们吃下后浑身发热，两只耳朵也逐渐变暖。这种药的名字，叫“祛寒娇耳汤”。

《伤寒杂病论》序中说“上以疗君亲之疾，下以救贫贱之厄（è），中以保身长全，以养其生”，意思是：对上用医学来治疗君王和父母的疾患，对下用医学来拯救百姓的苦难，对自己用医学来保全身体长久健康，用医学来保养自己的生命。表现了他作为医者的仁德之心，这也是后人尊称他为“医圣”的原因之一。

《伤寒杂病论》是中国第一部从理论到实践、确立辨证论治法则的医学专著，是中国医学史上影响最大的著作之一，是后世学者学习中医必备的经典著作，受到医学生和临床大夫的广泛重视。

# 孙思邈

孙思邈被世人称为“药王”。他采集草药、研究药物，长期钻研《黄帝内经》《伤寒杂病论》《神农百草经》等经典医书，同时广泛收集民间药方，热心为人治病，积累许多宝贵的临床经验。

在临床实践中，孙思邈总结出了许多宝贵的经验，比如用动物的肝脏治疗夜盲症，用羊的甲状腺治疗地方性甲状腺肿，用牛乳、豆类、谷皮等防治脚气病；对于孕妇，提出住处要清洁安静，心情要保持舒畅，临产时不要紧张等建议。

对于婴儿，他提出喂奶要定时定量，平时要多吹风、晒太阳，衣服不能穿得太多等。孙思邈也是在中医学上一个主张治疗妇女儿童疾病要单独设科的医生，这些主张，时至今日仍有现实意义。

### 养生铭（节选）

【唐】孙思邈

怒甚偏伤气，
思多太损神。
神疲心易役，
气弱病相侵。
勿使悲欢极，
当令饮食均。
再三防夜醉，
第一戒晨嗔。

孙思邈不仅精于内科，而且擅长妇科、儿科、外科、五官科等，从医学理论到医学实践，他对于不同领域有丰富的实践经验和对药物充分的研究，用一生所有的见闻和研究写出了两部医学著作《备急千金要方》和《千金翼方》。

《备急千金要方》是中国最早的医学百科全书之一，从基础理论到临床治疗的方法、用药等都有完整的记述。《千金翼方》是孙思邈的晚年著作，是对《备急千金要方》的全面补充。

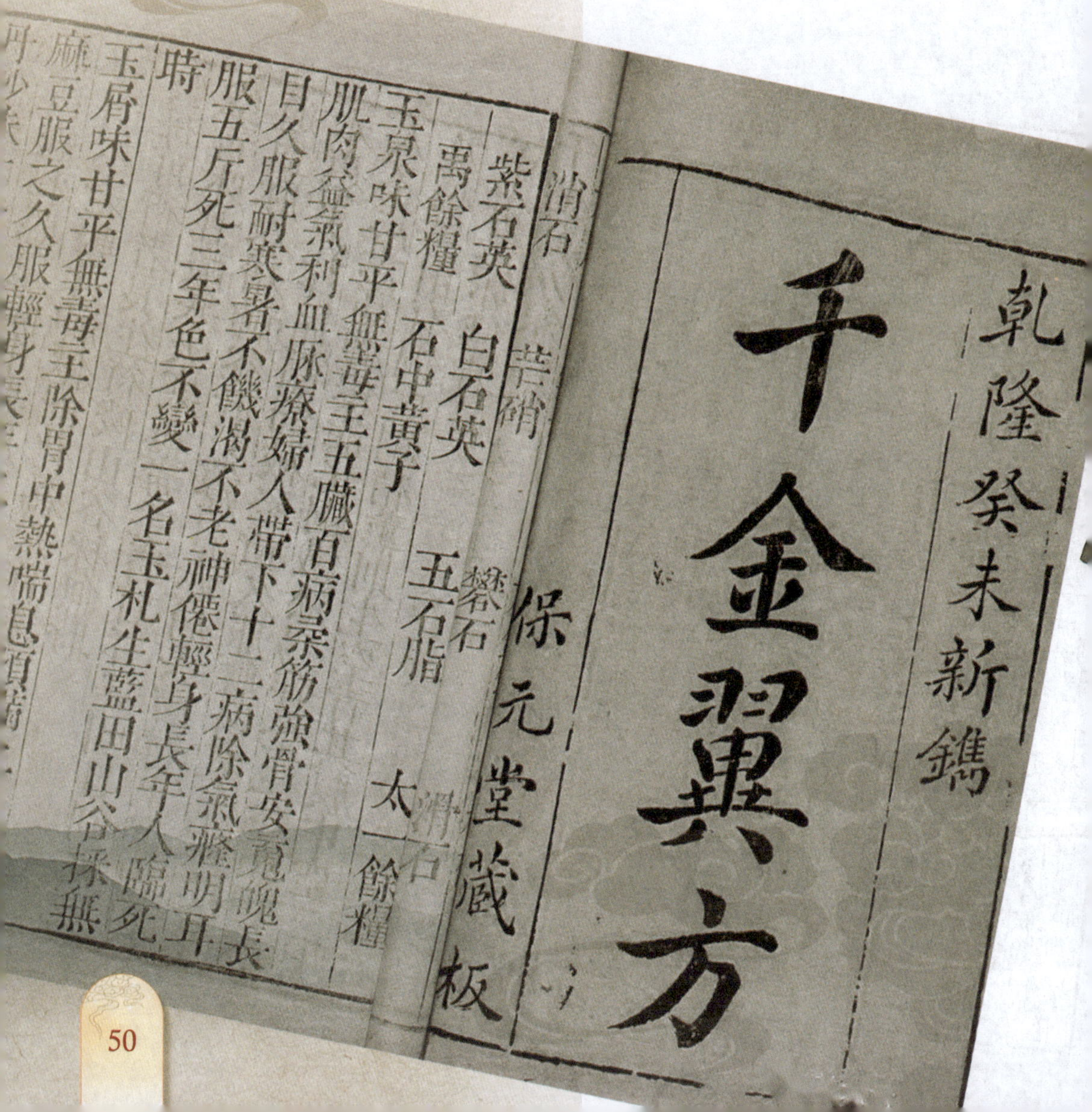

# 影响及意义

孙思邈秉承中医药学优秀传统，勤学不辍（chuò），潜心钻研中医药理，孙思邈的医学成就不仅体现在卓越的临床实践和著作中，更体现在他涉及不同医学领域和对不同科研方法的应用。

# 人痘接种术

人痘接种术是一种预防天花的方法。古代取天花患者痘痂制浆，接种于健康儿童，使之产生免疫力。早在明朝，人痘接种术就已在民间流传。到了清朝，人痘接种术已在民间普遍推广，中国的人痘接种术保护了无数人的生命。

东晋医药学家葛洪写过一本《肘后备急方》，书中记载了东汉时有一种疾病：身上生疮，冒白浆，很多人因此而死。书中还记录了两个治疗此病的药方：一个是用上好的蜂蜜通身涂抹，或者用蜂蜜煮升麻饮服；另一个是用升麻煮水，用棉蘸取药液涂抹创面。这就是世界上第一次对天花的症状及药方的记载。不过这种方法在现代，医生们并不提倡。

## 天花的症状

天花是一种由天花病毒引发的传染病。人类感染天花后，首先出现高热、疲劳和头疼痛等症状。随后身体出现疱疹，疱疹最终会结痂脱落，但可能留下永久的疤痕（bā hén）。唐朝时，神童陈黯感染天花，痊愈（quán yù）后脸上留下疤痕。陈黯用诗词反击嘲笑他相貌的人，诗词后两句是：“天嫌未端正，满面与妆花。”即隐含着“天花”之名。

**自咏豆花**

【唐】陈黯

玳瑁应难比，
斑犀定不加。
天嫌未端正，
满面与妆花。

## 痘衣法

古人发现得过一次天花的人就不会再感染天花后，便把感染过天花的人的内衣给没有感染过天花的人穿上，后者感染天花从而获得免疫力。然而这种方法和自然感染的区别不大，死亡率也很高。

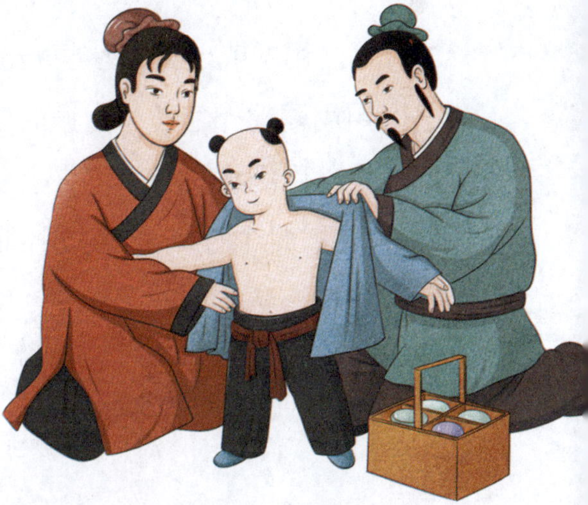

## 痘浆法

把感染者的疮挤出脓，用棉花蘸一点儿，塞到小孩的鼻孔里，让小孩儿感染轻微的天花，等康复后，就不会再感染了。但是这种办法也有一定的危险性。

## 旱苗法

把痊愈者身上脱落的痘痂，研磨成粉末，用一根管子吹一点儿粉末到小孩儿的鼻孔里，给小孩儿接种，不过，由于粉末的多少难以控制，所以也会造成危险。

## 水苗法

用水或人乳调匀痘痂粉末，再用薄棉布包起来，捏成枣核样，用细线拴着，放进小孩儿鼻孔，几个时辰后，再拉出细线，这种方法相对安全一些，所以比较常用。

## 熟苗接种法

明清时期，有人注意到把天花病毒直接当作疫苗连种七次，精选之后痘苗的毒力就会降低。这就是熟苗，用熟苗给人接种，安全性相对较高。

## 疫苗保存

古人认为冬天取苗比夏天取苗好，因为夏天炎热，若过了 20 多天，能发出痘来的就很少了。种痘时，最好用新鲜的种苗，10 个可发 9 个，过期的种苗不要用；储存时，要用纸包好种苗，放在竹筒里封闭保存，这符合现代免疫学的疫苗储存原理。

## 影响及意义

中国发明了人痘接种技术后，引起了西方国家的注意。1688 年，俄罗斯专门派人来中国学习种痘技术，后来又把这种技术传到土耳其和北欧；英国驻土耳其的公使将其带回英国；接着欧洲各国推广人痘接种技术；1744 年，中国人把人痘接种技术带到日本……一直到牛痘被发明出来，全世界都在使用中国的人痘接种技术。它是人工免疫法的先驱。

中医启蒙

# 古代法医

在我国古代，官府中有一种行业是专门从事尸体检验和活体检验的差役。这类人被称为仵作，便是事实上的法医。

法医能够以医学技术为手段，给各类案件判断以公正的参考依据，尽可能排除诸如政治、腐败及个人偏袒等因素对于事件调查的影响干预。

我国古代法医起源于战国时期。秦国统一之后，出现有着详细记载法医勘验内容的《封诊式》，内容与现在的案情简介相似。唐末战乱四起，军阀割据，混乱的社会秩序下，司法的运行也遭到了破坏，冤假错案时有发生，民怨沸腾，严重影响社会的和谐稳定。到宋朝时期，司法制度才得以发展完善，而法医作为其中的一环，也渐趋走向规范化。

秦官吏喜记载《封诊式》

## 代表人物

宋慈，字惠父，是唐相宋璟（jǐng）的后人。是我国古代杰出的法医学家，被称为“法医学之父”。中外法医界普遍认为是宋慈于公元 1235 年开创了“法医鉴定学”。宋慈出任过广东、湖南等地提点刑狱官。一生破获大量案件。著有《洗冤集录》五卷。此书不仅是中国，也是世界第一部法医学专著。

## 工作流程

### 检验准备

为防阴气冲袭，检验人员需要当场饮用苍术、白术、甘草制成的三神汤，口中含苏合香丸，并在鼻孔处涂香油，或者用浸过香油的纸团塞住鼻孔，以对抗腐败气息。还要在现场点燃麝（shè）香、川芎（xiōng）、细辛、甘松等。

### 检验开始

仵作不能单独勘验，必须有负责的官员现场监督。到达现场后，先传唤相关人员询问事情发生的经过，然后令仵作丈量记录下尸体所在的方位，再同吏役等人一起勘验。

### 检验喝报

检验时，仵作根据官方印发的人体部位清单逐一大声喝报，一旁的书吏在“验状”对应的地方记上一笔。两相核对，便能最大限度地避免错漏的发生。各类伤情都有专用名词，不能喝错。

## 填写报告

检验完毕后，须在“验状”之外，详细填写另一份文件“验尸格目”，两份文件合成尸检报告。验尸格目一式三份，一份交给所属州县，一份交给死者家属，一份交由管辖当地的提点刑狱司留存备案。

## 复检

正法囚犯和非正常死亡的人，在被检验一遍之后还必须复检。凡尸体应当进行复检的，属于州直接管辖范围的则申报州府派官监督复检；属于县管的，在接受初检公文的同时，需要发公文请求邻近的县派官监督复检。复检完毕后，才可以在差役监视下由亲属等人收埋尸体。

从以上工作流程可以看出，我国古代法医工作是非常严谨的。多人监督、现场喝报、三份报告、复检等，都在极力保障检验的公正，以免造成冤假错案。可见，我们的古人对待命案是极为认真的。

## 意义

中国古代法医学历经千年的发展，不断完善，到了宋朝，迎来了第一个高峰，实践和著作都取得了非凡的成就，是中国古代文明中一颗璀璨的明珠。尤其《洗冤集录》等法医著作，深受世界法医界重视并对世界法医学的发展有着巨大贡献。

中医启蒙

# 黄金时代

在远古时代，我们的祖先发现了一些动植物可以解除病痛，日积月累掌握了一些用药知识。古人逐渐开始有目的地寻找防治疾病的药物和方法，并通过口口相传的方式传承宝贵的医学知识。“神农尝百草”“药食同源”，就是当时的真实写照。

西周时期我国开始有了食医、疾医、疡医、兽医等分工。春秋战国时期，中医理论已经基本形成，出现了解剖和医学分科，战国名医扁鹊已经采用“四诊法”来治病救人。中医典籍《黄帝内经》，系统论述了人的生理、病理、疾病以及“治未病”和疾病治疗的原则及方法，确立了中医学的思维模式，标志着从单纯的临床经验积累发展到了系统理论总结阶段，形成了中医药理论体系框架。

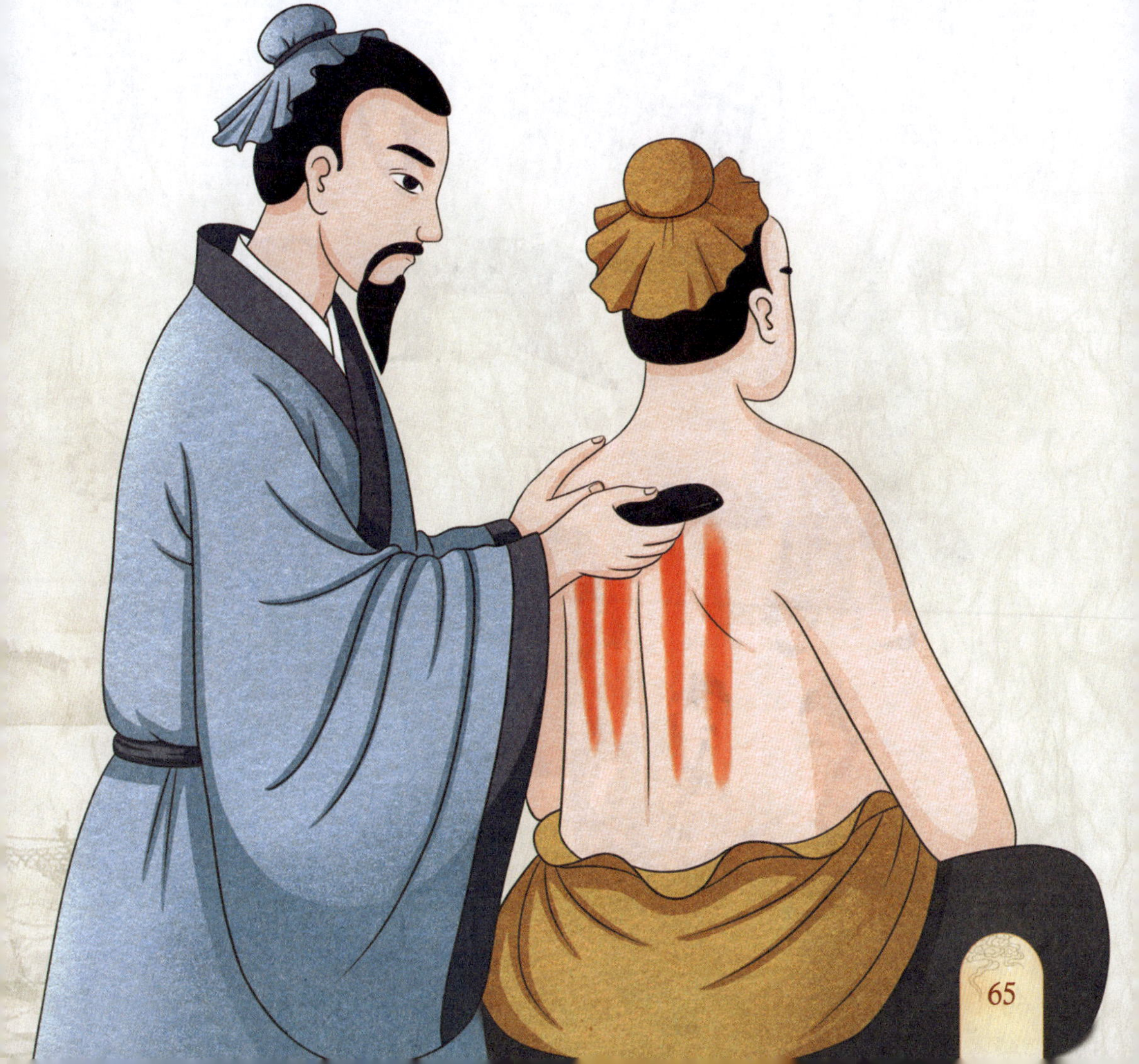

## 形成与发展

汉末时，瘟疫横行，优秀的医生张仲景，为大家坐诊治疗并创立了中医辨证论治的方法，意思是通过观察和了解，找到病因，对症治疗。让人们能够更好地了解病情，用草药治好身体。这一辨证论治的理论和方法体系传承了两千多年，影响了很多医生。从了解病情到制作草药，都离不开这个方法，帮助了很多人。东汉末年，华佗创制了麻醉剂——“麻沸散”，开创了麻醉剂用于外科手术的先河。

鼎盛时期

## 集方书之大成

唐朝时期，“药王”孙思邈集毕生之精力，著成《备急千金要方》《千金翼方》。其中《备急千金要方》分为30卷，合方论5300首；《千金翼方》也有30卷，合方、论、法共2900余首。两册典籍对临床各科、针灸、食疗、预防、养生等均有论述，可谓集唐以前方书之大成。

## 培养中医人才

宋朝时期，中国的医学事业得到了极大的发展。随着医学知识的积累和医疗技术的提高，宋朝的医学机构也逐渐完善。为了管理医学机构，宋朝制定了《宋建隆重详定刑统》等法律，对非法行医、医术不精等行为进行了规范。同时，宋朝也十分重视医学教育，创办了诸多的医学院校，如太医局、官立医学、州县医学等。

## 修订医学典籍

宋朝政府专设“校正医书局”，有计划地对历代重要医籍进行了搜集、整理、考证和校勘，历时十余年。《千金翼方》和《外台秘要》等中医典籍都是当时校订和刊行后流传下来的。

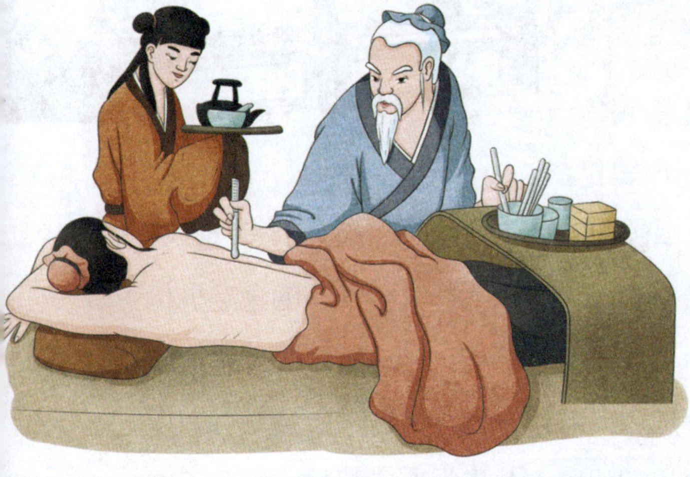

## 外科医学的突破

宋代的医学家创造性地运用针灸、手术等技术治疗了许多疑难杂症。此外在伤口处理、疮疡治疗等方面有了创新。总结提炼出治疗原则，如保持伤口清洁、用药消炎等。

# 发展与传承

最近，中医迎来了新的时代。中医药拥有着丰富的历史，它正在焕发新的光彩，为人类的健康事业贡献着独特的智慧。

# 中医传承

中医作为中华民族文化的重要组成部分，承载着中国人民同疾病做斗争的丰富经验和理论积淀。从先秦到今日，如此漫长的岁月里，中医学术经验延续不绝，并不断有所成就。

随着时间的推移，中医成了一门我们大家都可以学习的科目，在许多中医书籍中，我们可以找到并发现令人惊叹的中医药学知识。这些书籍的贡献为中医继续壮大打下了基础。

然而，中医药也面临了一些挑战。从清朝以来，西医开始在我国发挥作用，许多人开始对中医药产生偏见。但是，中医作为我们的文化瑰宝怎么会就此淹没，后来中医在不断的实践中找到新的方向。

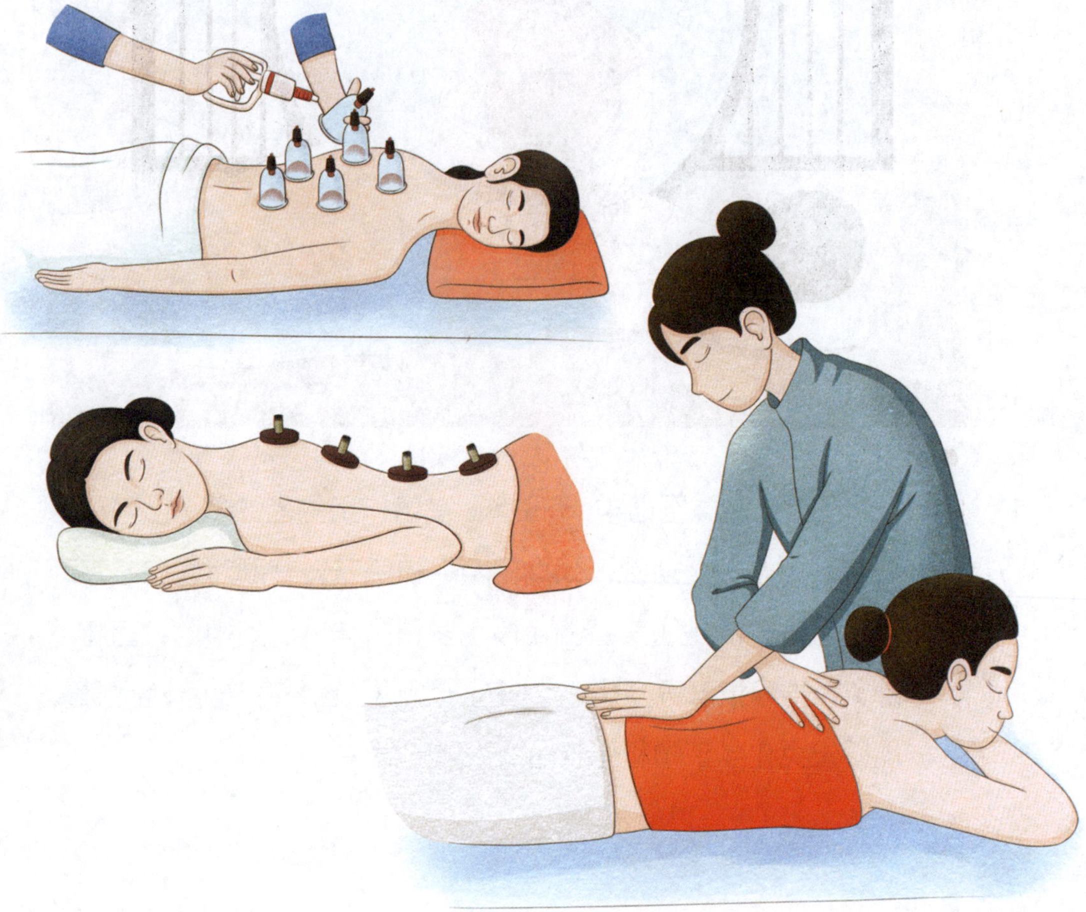

## 焕发生机

新时代，我们中医的发展可谓是突飞猛进，大家都开始关注起中医，中医药学再次焕发生机，国家发布许多政策和措施来呵护我们的中医继续成长，我们的国家一直在努力保护和发展传承中医。

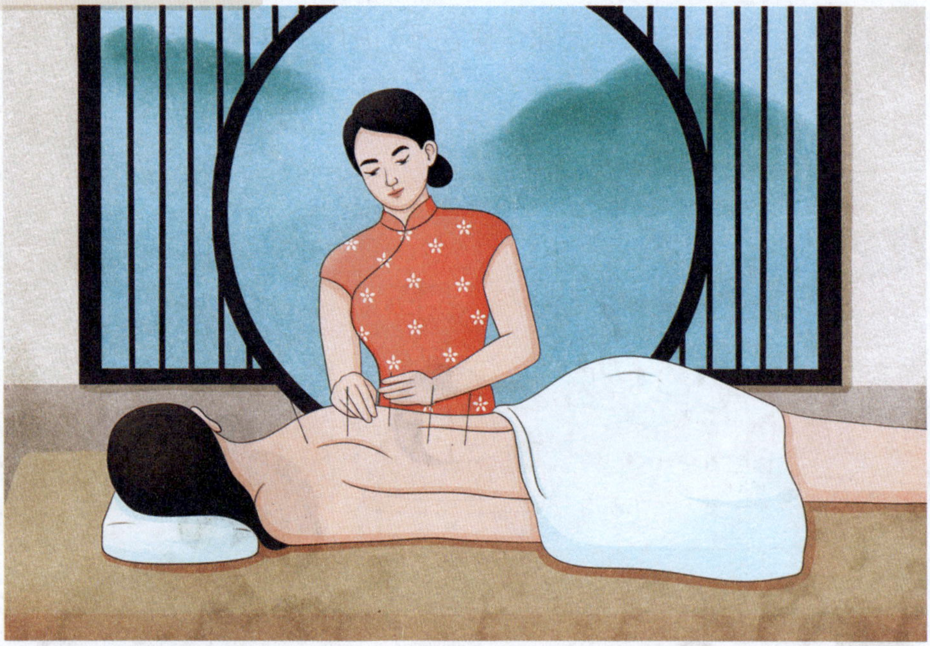

## 中医美容

在历代各类医书中，有驻颜、美容作用的药物多达上百种，而方剂更是数量可观，如增白方、祛皱方、驻颜方、白牙方、染发方等。而中医美容的手段也多种多样，比如中药、药膳、针灸、推拿按摩等方法。这些方法都属于自然疗法，安全可靠，能够避免化学药物和化妆品对人体的危害。

## 中医心理养生

中医心理养生遵循中医理论体系，在中医学思想指导下，吸取心理学的“影响”，突出中医特色，有别于医学心理学的新兴学科。中医心理学的理论基础源于《黄帝内经》，经历代医家的研究，世代传承。用“心主神明”的理论来解释复杂的心理现象，治疗身心疾病。现如今，中医心理学已被国家中医药管理局确定为中医学的分支学科。

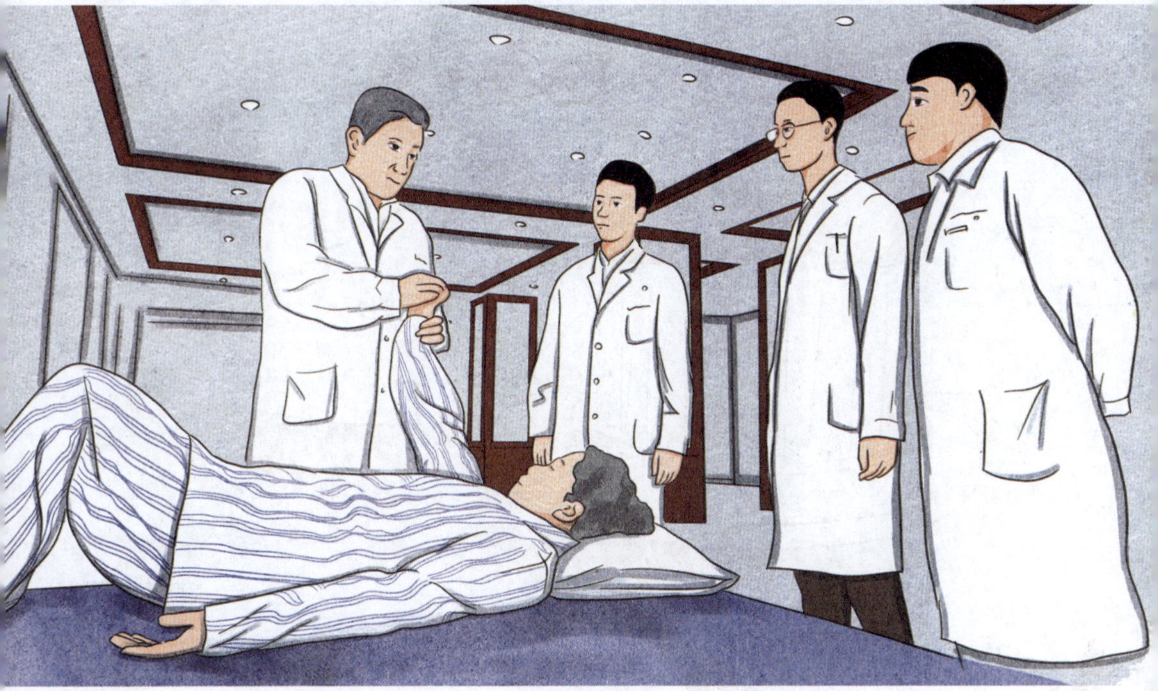

## 现代药剂

中药及其传统制剂在长期的继承与发展过程中，逐步形成了自己的特色。在中医药理论指导下，经现代药理和临床验证，用现代药剂学的技术、方法和手段，将传统中药剂型改革成安全有效、稳定可控的新一代药物制剂。

## 固体药剂

使用粉碎、浸提、分离纯化、浓缩、干燥等现代技术将中草药制成方便存储、携带和服用的固体中药剂。

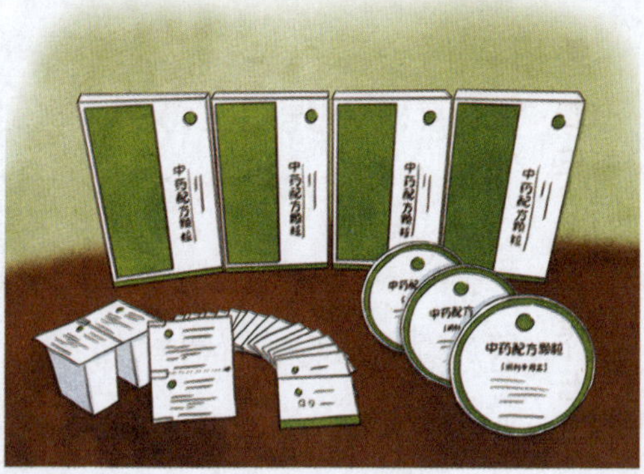

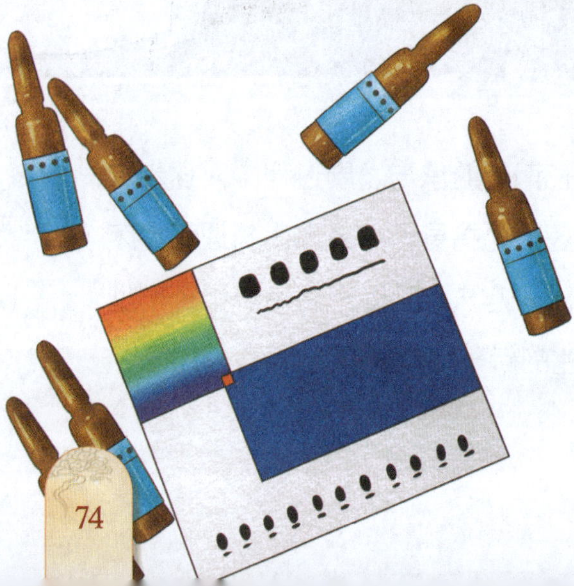

## 注射给药剂型

中药注射剂的研制与发展是传统中药剂型的重大突破。中药注射剂以单味中药为主，多以水煎法和水蒸气蒸馏（liú）法制备。

## 蓬勃发展

现如今，中医知识被越来越多的人所接受和应用。中医学的医疗技术得到普及和发展，逐渐吸引了更多的国际关注。很多国际学者和医生来中国学习中医，并在自己的国家推广中医。一些大学和研究机构开始开展中医研究。中医药市场也在国际范围内不断拓展。越来越多的中药制剂被引入国际市场，成为人们提高健康水平的选择。

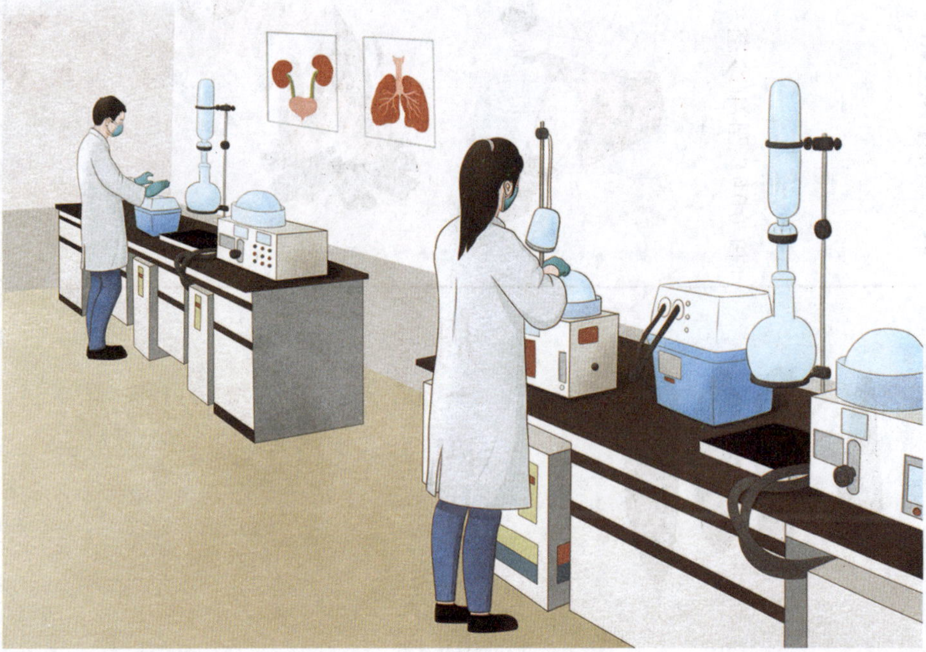

越来越多的人意识到中医的独特价值。我们需要学习并传承中医药的文化，保护我们宝贵的传统医学。希望通过大家的支持，中医药会继续发展，发挥更大的作用。每个人都可以为中医药的繁荣作出贡献。

# 中华医学发展时间表

## 传说时代

**中医雏形**

约公元前 3000 年

**周（西周 东周）**

公元前 1046 年—公元前 256 年

**四诊法**

约公元前 3 世纪末

## 汉（西汉 东汉）

公元前 206 年—公元 220 年

神农本草经 东汉初期

张仲景——伤寒杂病论 东汉

华佗——麻沸散 东汉

中医典籍 唐朝

孙思邈——备急千金要方 唐朝

唐 公元618年—907年

医学院校 宋朝

古代法医 宋朝

宋（北宋 南宋） 公元960年—1279年

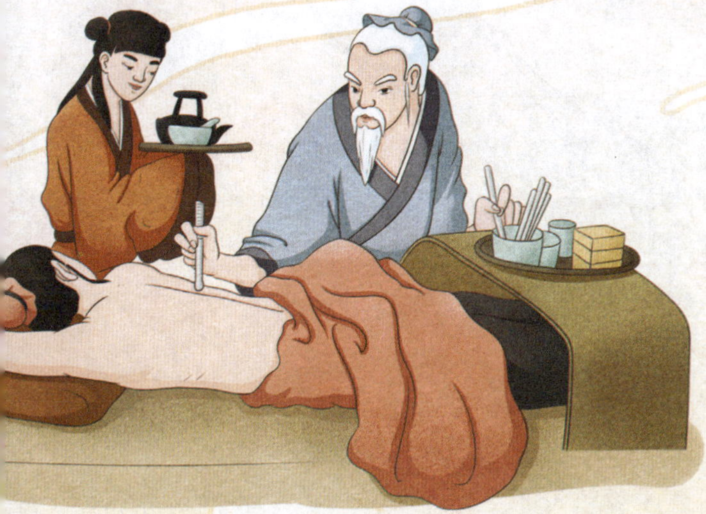

明

公元1368年—1644年

人痘接种

约公元16世纪

外科技术

宋朝

医书局

宋朝

中华文化
探索之旅
启迪
文化传承
启智润心 传承千年文化
乐享
国学剧场
生动放映 娓娓道来
筑造
传统美德
先贤智慧 照亮成长之路
制胜
国学殿试
思辨真理 挑战国学智慧
扫码开启